KB156163

# 중국의 전통 가정교육

김덕삼 · 이경자 공역

景仁文化社

교사를 양성하는
북경사범대학北京師範大學 교훈,
"學爲人師, 行爲世範"

송대宋代 유명했던
백록동서원白鹿洞書院

북경北京에 있는 공묘孔廟

공묘에 있는 진사비進士碑 비문

송대宋代 유명했던
악록서원岳麓書院

국자감國子監

# 한국어판 서문

중국의 고대 사회는 자연경제를 중심으로 한 농업사회였다. 농업사회를 바탕으로 수천 년 동안 중화민족은 흥망성쇠를 거듭하며 오늘에 이르기까지 발전할 수 있었다. 이것은 찬란한 유가 문화위에 세워진 민족의 강한 응집력 때문이다. 유가문화는 가정을 중심으로 한 '인仁', '효孝' 등의 윤리도덕교육과 자녀교육을 중시했을 뿐만 아니라 중국 특유의 가정교육 전통과 연결되어 가정과 가족의 번영 및 사회와 민족의 안정과 발전을 촉진하며 중국 역사에 매우 중요한 작용을 하였다.

가정은 사회조직의 세포이다. 어떤 의미에서 사회의 진보와 발전은 각 가정교육의 성패와 밀접한 관련이 있다. 중국을 비롯하여 한자문화권의 국가와 지역에서는 가정교육을 중시했다. "자식을 가르치지 않는 것은 부모의 과실이다"라고 하여 자식을 가르치는 것을 부모의 당연한 도리로 생각했다. 사실 가정에서 어머니의 교육은 사회생활에서 매우 중요하다. 이러한 것은 '맹모삼천지교孟母三遷之敎'가 오늘날까지 세상에 전해지는 것에서도 알 수 있다. 그들은 모성애를 바탕으로 중화민족의 우수한 자손을 전심전력하여 가르쳤다.

한국과 중국은 예전부터 오랫동안 문화를 교류해왔다. 따라서 가정교육방면에서도 공통된 문화적 특징이 많다. 지금은 한국과 중국의 우수한 가정교육 전통을 서로 교류하며 배우고, 계승하여 알리는 것이 매우 필요한 시기이다. 한국의 김덕삼, 이경자 박사가 굳은 신념으로 중국의 전통문화를 연구하고 선양하고자 『중국의 전통 가정교육』을 번역함에 깊이 감사드린다. 이와 더불어 자녀교육에 관심이 있는 한국인들에게 이 책을 권한다.

毕诚

베이징에서 2005년 9월

# 중국어판 서문

가정교육은 가정에서 실시하는 교육으로 부모 또는 연장자가 자손에게 행하는 교육을 말한다. 동시에, 가족 구성원간의 상호 영향을 가리키기도 한다. 본서에서 말하는 중국의 전통 가정교육이란 가정이 생긴 이후부터 청말 봉건사회가 끝날 때까지의 교육을 말한다.

중국의 가정교육은 그 역사가 매우 유구하다. 가정교육은 오랫동안 고대 중국 가정의 유지와 발전, 중국 고대학교의 출현과 발전을 촉진했으며 민족문화 전통과 가정도덕관념의 형성에 깊은 영향을 미쳤다. 나아가 국가정치, 사회생산, 사회생활방식, 민족문화 및 학술사상의 변천 등에도 깊은 영향을 미쳤다.

예로부터 농업을 중심으로 한 중국은 소농경제를 기초로 한 친자 혈연관계를 오랫동안 유지하면서 가정과 국가가 분리되지 않은 극도로 분산적이면서도 전제적인 사회를 이루었다.

가정은 가족 구성원들이 생활하는 공동체적 생산단위이자 사회의 기본조직이기도 했다. 가정에는 매우 엄격한 등급에 따른 예제禮制가 있었으며, 각각의 가정은 종족 또는 가족이라는 체계 속에 모두 포함되었다. 즉 위로는 황실가정의 귀족에서부터 아래로는 일반백성에 이르기까지, 이들 모두가 종족 또는 가족의 구성원으로서 군권君權과 부

녹각모양의 호미, 신석기시대
용산문화龍山文化

권父權이 유기적으로 연결된 가장의 지도와 감독아래 일체의 모든 활동에 종사했다. 이처럼 중국 고대의 가정교육은 국가와 사회에 매우 중요한 영향을 미쳤다. 이들이 가정교육을 중시한 것은 가정과 가족의 안정과 발전을 위해 필요했을 뿐만 아니라 국가의 안정을 위한 선결조건이었기 때문이다. 옛 사람들은 "천하의 근본은 가정에 있다(『중감中鑒·정체政體』)"고 보고, 가정교육이 잘 되어야 비로소 집안을 다스릴 수 있다고 생각했으며, 오직 '제가齊家'를 통해서 "나라를 다스리고 천하를 평온하게 할 수 있다"고 여겼다. 그런데 '제가'는 '수신修身'에 근본을 두므로 중국 고대의 가정교육에서는 각 가정 구성원의 도덕교육을 가장 중시했다. 특히 예제禮制를 준수하는 원칙을 바탕으로, 도덕준칙과 윤리관계의 행위훈련을 중시했다. 여기에는 사람 됨됨이와 처세의 도리를 가르침으로서 '집안과 천하를 다스려家天下' 장기적인 통치와 안정을 추구하려는 의도가 깔려있다.

오늘날 보기에, 중국 고대교육의 목적과 성격이 시대에 뒤떨어졌다고 생각할 수도 있다. 그러나 몇 천 년 동안의 고대 가정교육에는 풍부한 교육경험, 전통적인 가정교육사상과 교육방법, 그리고 우수한 가정교육교재가 있어 현대 가정교육에 귀감과 참고할 가치가 많다. 동시에 중국 고대의 가정교육은 전통교육의 중요한 구성요소일 뿐만 아니라 중국 문화의 중요한 요소를 차지한다. 또한 이것은 중국 고대문화와 교육방면의 지식을 이해하는 데 매우 중요하다. 이 책은 역사적 순서에 따라 알기 쉬운 언어와 널리 알려진 이야기로 구성되었다. 동시에 서로 다른 시기, 서로 다른 계급과 계층의 가정 및 가정교육의 특징 등에 대해서도 간략하게 소개하였다. 중국 고대사회에서 가정교육은 역사적인 시대성을 띠고 있을 뿐만 아니라 뚜렷한 계급적 성격을 지니고 있기에, 이 책을 읽을 때 우리들은 가정교육의 역사적 유산에 대하여 그 봉건적 요소를 제거하는데 주의를 기울이고, 비판적 정신과 분석적 태도를 유지해야 한다. 이렇게 할 때 비로소 우리는 중국 고대 가정교육의 우수한 장점을 올바로 취할 수 있을 것이다.

중국어판 서문

# 목 차

# 제1장 선진先秦시기의 가정교육

서주西周 시대, 대우정大盂鼎

# 1. 가정과 가정교육

'가정'이라는 명사는 사람들이 자주 사용하면서도 쉽게 이해하고 있는 단어이다. 습관적으로 중국인들은 가정을 혼인과 혈연관계(혈연관계의 보충형식으로 수양收養관계까지 포함한다)를 중심으로 유기적이고 사회적 기능을 가진 생활공동체로 생각했다. 옛날부터 사람들은 "부부가 있은 후에 가정이 있다"고 생각했으며, 혼인관계가 없었을 때 즉 "군집생활을 하는 곳에서는 모친은 알지만 부친은 알지 못하고, 친척, 형제, 부부, 남녀의 구별도 없었으며 장유長幼의 도道도 없었다(『여씨춘추呂氏春秋・시군람恃君覽』)"고 했다. 즉 가정을 구성할 수 없었다. 가정은 혼인관계를 토대로 구성되는 것이며, 이러한 관계를 기초로 발전한 사상, 문화, 심리, 감정, 인륜관계는 가정을 구성하는 중요한 요소이다. 비록 혼인관계가 가장 기본적이고 후자는 전자에 의해 파생된 것이라 할지라도 그어떤 요소도 없어서는 안 되는 것이었기에, 서로 상부상조함으로써 고대가정이 유지될 수 있었고 가정의 인륜人倫, 문화관계가 발전할 수 있었다.

가정은 인류사회에 있어 사유제의 산물이자 상징이다. 따라서 가정에서 경제관계는 매우 중요하다. 만약 공동의 경제관계나 부양관계가 없다면,

부부관계와 혈연관계도 유지될 수 없다. 또한 공동의 생산과 소비관계가 없다면 공동의 가정생활 역시 유지되기 어렵다. 조직적인 측면에서 보았을 때, 가정은 사회의 세포로서 독자적으로 존재할 수 없으며, 각 가정의 구성원은 사회의 일원으로서 기타 사회구성원과 다양한 사회관계를 이루고, 이에 따라 복잡한 인간 관계망이 형성된다. 이러한 가정관계는 가정 내부의 혼인과 혈연관계 및 사상, 인륜, 문화, 심리와 감정관계, 경제관계 등을 포함할 뿐만 아니라 가정과 사회에서 발생하는 복잡한 인간관계도 포함한다. 원시사회에서의 인간관계는 대부분 혈연관계의 연장이었다. 특히 중국 고대사회에서 이처럼 확대된 혈연관계는 많은 면에서 원시씨족사회의 유풍을 보존하는 친척관계로서, 가정이라는 것은 혈연관계 속에서 간과할 수 없는 의미를 갖는다.

가정과 가정관계는 사회 발전이 일정한 역사단계에 도달한 역사적 산물로서, 사회와 인류 발전에 필요한 생산과 생활의 경험적 집약체이다. 사람들은 가정을 조직하고 공고히 하기 위해 연장자는 아랫사람에게 가정과 가정관계에 필요한 지식을 전수하고, 정신생활과 물질생활 및 생산방면과 관계된 지식경험을 전수했으며, 그들이 어떻게 인간관계를 맺어야 하고 사회활동에 참여해야 하는지에 관한 능력 등을 배양하였다. 이상에서 살펴본 바와 같이 가정교육은 가정의 성립과 더불어 탄생하였다.

인류사회의 발전사를 고찰해보면 사유재산물로
서 가정의 출현은 계급사회의 시작을 의미한다.
이러한 오랜 기간의 계급사회 속에서의 가정교육
은 계급적 특징이 있다. 즉, 교육내용, 목적, 방식
등에서 서로 다른 계급간의 차이가 존재했던 것이
다. 동시에 같은 등급 중에서도 가정에서 받은 문
화, 풍습, 지리환경, 직업, 민족, 종교 등의 영향에
따라 가정교육에도 차이가 생겼다. 그러므로 이
책에서는 중국 고대가정의 성격과 특징에 근거하
여 가정교육의 일반적인 상황을 분석하며 설명하
고자 한다.

## 2. 가정교육의 등급

원시사회 말기에 발생한 생산력 증가, 재부의
증가, 사유제의 형성은 모계제母系制를 마침내 부
권부계제父權父系制로 대체시켰다.

부권부계제란 남편이 가정에서 자녀의 부양임
무를 책임지고 부계에 의해 재산이 계승되는 것으
로서, 각 대의 계통 역시 부계에 의해 결정되었다.
또한 이 시기에 접어들어 인구증가와 생산력 향상
에 따라 가정 구성원의 생산능력도 증가하였다.
이에 따라 부계씨족은 점차 분열되기 시작했고,
일부 남성 후예들이 부계 대가정을 이루었는데,

임신한 여인상, 신석기시
대 홍산문화紅山文化, 생식
과 번식을 기원하는 '여신
女神'숭배물이다.

역사적으로 이를 부계가정사회라 한다.

부계대가정은 가장제家長制를 실시하였다. 가장은 실제로 씨족의 족장이다. 가장은 씨족공동체 사회의 모든 일을 관리하고 정리하며, 생산 활동을 조직하고 관리했다. 가장은 재산과 권력을 장악하여 씨족가정 구성원의 생산, 생활지식과 기능을 전수하는 책임을 맡았다. 더불어 가정 구성원에게 전통 풍속을 훈련시켜 가장의 통치를 공고히 하였다. 이러한 원시사회 씨족의 가정교육은 중국 고대 가정교육의 초기형태라고 할 수 있다.

중국 고대의 원시씨족 사회가 점차 계급사회로 변하고, 그 후 오랜 기간을 거쳐 종족제宗族制를 거쳐 가족제로 들어서게 되었다. 그러나 종족의 삶 속에는 아직도 씨족의 면모를 많이 유지하고 있었다.

『예기주』송宋 형희淳熙
4년 본. 1177년

『예기禮記・대전大傳』에 "동성同姓은 종宗을 따르고 족族에 속한다"고 하였다. 여기서 '동성'은 바로 부족父族의 의미이며, 종을 따른다는 '종종從宗'은 동일한 남성을 시조로 섬기는 족인族人 공동체가 구성한 하나의 생활공동체를 말한다. 비록 종족제 시기에 개체가정個體家庭이 출현하기 시작했지만, 이것은 종족계통에서 나온 것이 아니라 종족에 부속되거나 속한 것이었다. 종족은 혈연공동체로서 이들에게는 공동의 종묘宗廟, 공동마을, 묘지가 있었을 뿐만 아니라 공동재산도 있었다. 종족의 우두머리는 대가장으로 종족구성원의 교육을 지도

중국의 전통 가정교육

하고 관리해야 하는 절대 권력을 가지고 있으며, 모든 부계종족의 부권父權을 대표했다. 종족의 적 장자嫡長子는 종자宗子라고 부르며 종자는 시조始祖의 작위爵位를 계승했다. 종자 아래, 개체가정의 가장은 종자에 의존하며 오랜 역사를 거치면서 점점 완비된 종법제도를 형성하였다.

종족제시기에 종족 구성원들은 종족끼리 모여 함께 거주했고, 이들에게는 공동의 생활방식과 공동의 문화전통이 있었다. 종족의 가정교육은 주로 종자가 책임졌다. 가정교육의 내용에는 생산, 생활, 군사, 제사 등이 포함되어 있었다. 그중 공동의 조상에게 제사를 지내는 것은 종족 대가정의 중요한 교육내용이었다. 『예기·제통祭統』에 "예에는 다섯 가지가 있다. 그 가운데 제사보다 중요한 것은 없다"고 했다. 그럼 이들은 왜 이렇게 제사를 중시했을까? 이들은 조상에게 제사를 지내는 활동을 통하여 같은 종족 구성원간의 혈연윤리관계를 강화시킬 수 있고, 성이 같으면 덕이 있고同姓同德, 덕이 있으면 한마음이 되며同德同心, 한마음이 되면 같은 뜻을 가진다同心同志는 사회집단심리와 관념을 형성하면서, 종족제와 종족 전체의 이익을 보다 쉽게 보호할 수 있었기 때문이다. 종족가장제 시기에 개체가정의 가장이 가정 구성원들에게 교육하는 것은 모두 종족가장이 교육하는 것과 일치했다. 굳이 그 차이점을 말한다면, 개체가정의 교육은 종족가장의 교육을 각 가정 구성원에게 실시하면서, 구성원으로 하여금 종족가정에 적합한 구성원이 되게 하는 것이다.

종족제도는 중국 노예사회초기에 형성되어 하夏, 상商 시대를 거쳐 발전하였다. 하나라의 우왕禹王이 아들 계啓에게 종법제 통치계급의 왕위를 계승한 것이 종법정치의 시작이다. 이러한 종족제도는 상대에 매우 엄격했다.

대우상大禹像,
산동성山東省

종족의 우두머리는 약간의 분족分族을 거느리고, 분족 아래는 또 약간의 '류類', '축丑'이 존재했다. 여기서 '류'라는 것은 혈연종족의 한 갈래이며 '축'은 종족에 속한 사람과 전쟁 중에 포로가 된 노예 등을 가리킨다. 이미 상대商代에 종법을 실행했고, 종법에는 대종大宗과 소종小宗의 구분이 있었다. 이처럼 상대의 종족가정교육에는 비교적 명확한 등급구분이 있었다.


## 3. 이윤伊尹의 가정교육

이윤

이윤, 이름은 지摯 또는 이伊라고 한다. 하나라 말에서 상나라 초기에 활동했던 사람으로 상나라 탕湯왕을 보좌하여 하나라를 멸망시켰으며, 윤尹이라는 관직에 봉해져 역사서에서는 보통 이윤이라고 칭한다. 『묵자墨子·상현尚賢』에 "이윤은 유신씨有莘氏의 여사복女師仆이다"라고 하였다. 여사복女師仆은 바로 귀족자제의 가정교사를 말한다.

중국의 전통 가정교육

교육사적인 측면에서 이윤은 중국 고대 갑골문甲骨文에 최초로 기록된 선생님이다. 그는 중국 고대의 통치자와 귀족 가정의 교육풍토를 세워, 후세 사람들의 칭송을 대대로 받았다.

이윤의 부모는 모두 유신국有莘國의 노예였다고 한다. 이윤은 어려서부터 총명하고 배우기를 즐겨, 비록 농사를 지었어도 요순의 도를 익혔다. 그는 부친으로부터 요리기술을 배워 노예주귀족의 요리사와 귀족자제의 선생이 되었다. 후에 상나라 탕왕이 하나라 걸桀왕의 잔혹한 통치를 전복시키고자 현명한 사람을 구했는데, 바로 이때 이윤을 예우하여 스승으로 삼으면서 그에게 국가와 군사를 다스리는데 협조할 것을 부탁했다. 그 후 마침내 하나라 걸왕을 무찌르고 상商을 세웠다. 『맹자孟子·만장萬章』에 "탕은 이윤에게서 중국의 전통 가정교육에 대해 배우고 그를 신하로 삼았다. 그러므로 왕위에 쉽게 오를 수 있었다"고 했다. 이것은 이윤이 상나라 탕의 선생이 되어 탕왕으로 하여금 성공적으로 상나라를 건국하도록 했음을 말한다.

갑골문

탕은 이윤에게 국가 대신을 직접 맡기는 동시에 탕왕 자제의 사보(師保)로 임명하여 왕실의 가정교사로 삼았다. 이윤은 중용이 된 후에도 탕왕을 열심히 보좌하면서, 탕왕에게 솔선수범하여 자손의 모범이 되고 천하에 본보기가 되도록 가르쳤다. 탕왕이 죽고 난 후, 이윤은 외병外丙과 중임仲壬 양대를 거쳐 탕왕의 장손 태갑太甲의 스승이 되었다. 전하는 바에 따르면 태갑은 왕위를 계승한 뒤, 상나라 탕왕의 정책을 따르지 않고 제멋대로 나쁜 짓을 하여 국가정치를 혼란에 빠뜨렸다고 한다. 이윤은 그를 가르치기 위해 탕왕의 묘지인 동궁桐宮에서 생활하게 했고, 『이훈伊訓』, 『사명肆命』, 『조후徂后』 등의 훈화訓話를 쓰고 어떻게 정치를 해야 하는지, 어떤 일은 하고 어떤 일은 하지 말아야 하는지, 어떻게 조상의 법도를 계승해야 하는지, 어떻게 임금의 덕을 수양하여 훌륭한 업적을 지닌 군왕의 도리를 이룰 것인지를 설명하였다. 이윤이 계획한 특별한 교육환경에서, 태갑은 동궁을 3년 동안 지키며 탕왕의 업적을 회상하고 자신의 잘못을 뉘우치면서, 허물을 고침과 동시에 이윤의 훈사를 배워 자기의 과실을 깨달아 착하게 되었다. 이렇게 되자 이윤은 대신들을 통솔하여 태갑을 다시 궁으로 모셨다. 이윤의 교육과 보좌로 태갑은 열심히 정치를 하고 덕을 수양했으며, 스승을 존경하고 선조의 뜻을 따랐다. 이렇게 되자 주변 제후국들이 상나라에 복종하기 시작했고, 정치는 더욱 안정된 국면을 맞이하게 되었다. 따라서 이윤은 『태갑』 3편을 짓고 『함유일덕咸有一德』 1편을 지어 태갑을 찬양하였다.

왕실의 가정교사가 된 이윤은 교육의 내용과 방법을 매우 중시하였다. 그는 사람의 성격과 품성은 일상생활의 습관에서 배양되는 것이라고 생각하여 '시종일관始終一貫 신중할 것'을 강조하고, 교육은 되도록 일찍 시작하고, 처음부터 끝까지 연속성이 있어 잠시도 느슨하지 말아야 한다고 말하였다. 특히 국왕과 국왕의 자제는 언제나 자신의 도덕수양을 중시하고 끊임없이 도덕적 반성을 하여 자기의 잘못된 행동을 고쳐, 스스로 '날마다 새로워지도록 해서' 항상 도덕적 경지에 이르도록 노력해야 한다고 했다. 비록 그는 군권신수君權神授를 믿었지만, 교육에 있어서는 "하늘은 믿을 만한 것이 아니다. 자신의 노력만이 믿을 수 있다"고 생각하여 태갑에게 "하늘에는 어버이가 없으니 어버이에게 공경을 다하거라"고 훈계하였다. 즉, 스스로 사리에 밝고 성실해야만 신하와 백성으로부터 충성과 순종을 받을 것이라고 했다. 그는 하느님은 믿기 어려우며 운명도 의지할 것이 아니므로, 오로지 끊임없이 자신의 도덕을 수양하고 조상의 미덕을 계승하며 백성을 사랑해야 비로소 왕위와 국가를 보좌할 수 있다고 생각하였다. 그렇지 않으면 하느님도 도울 수 없다고 생각했다. 따라서 그는 귀족자제 특히 왕실자제의 가정교육을 국가의 흥망성쇠와 관련된 대사라고 생각하였다.

## 4. 주공周公의 가정교육

주공周公의 성은 희姬이고 이름은 단旦이며 시호

주공

는 문공文公이다. 주나라 문왕文王의 넷째 아들이
자 무왕武王의 동생으로 숙단叔旦이라고도 부른다.
채읍采邑이 주周땅에 있었기에 그를 '주周'라고 불
렀다. 또한 '삼공三公'의 하나인 태부太傅라는 고위
직에 오른 그를 주공이라 존칭하기도 한다. 주공
은 무왕이 상나라를 정벌하는 것을 돕고, 무왕이
죽은 후에는 어린 성왕成王을 교육시키고 보필했
으며 관管, 채蔡의 무장반란을 평정하고 "문왕의
업을 계승하였으며 천자가 내린 관직을 이행하고
천하를 다스려"(『회남자淮南子 · 사론훈氾論訓』) 서
주西周의 중요한 기반을 다졌다.

　서주시기는 중국 노예제사회의 전성기로서, 서
주시기를 대표하는 정전제井田制, 분봉제分封制, 종
법제宗法制와 예제禮制 등은 모두 주공이 만들었다.
주공은 서주 정권을 건립하고 공고히 하여 서주의
예악禮樂 문화 형성에 커다란 공헌을 했을 뿐만 아
니라, 중국 고대사회에서 이윤 다음으로 왕실 귀
족자제의 교육을 중시한 훌륭한 교육자이다. 이런
이유로 주공은 역사상 수많은 통치자와 유학자들
로부터 존경을 받았다.

　주공이 예악을 제정한 근본 목적은 주왕의 통치
를 공고히 하고 '친친親親'과 '존존尊尊'의 종법제
및 등급제를 보호하기 위해서였다. 동시에 주공은
역사적 경험과 교훈을 종합한 기초 위에 '덕과 경
으로 백성을 보호하는(경덕보민敬德保民)' 사상을
제시했다. 이러한 사상을 모든 예제에 관통시켜,

예를 종교적 의식에서 현실생활의 법령 제도와 교육의 수단으로 전환시켰다. 그는 '덕으로써 교육할 것'을 주장하였다. 덕육德育을 통해 덕치德治를 실현하고 덕육을 통해 귀족통치계급의 업무를 계승할 인재를 배양하려 하였다.

주공은 도덕교육을 사직社稷과 관련된 장기간의 중요한 사업이라고 생각하였다. 따라서 그는 주의 통치자에게 "하늘은 믿을 수 없다, 나의 도는 오직 안정되게 문왕의 덕을 따를 뿐이다"라고 말하였다(『상서尙書·군석君奭』). 이 의미는 오직 자기 자신을 수양하고 덕을 공경해야만 문왕이 세운 주나라를 오랫동안 보존할 수 있다는 것이다. 그는 일찍이 성왕의 태사太師가 되고 태보太保가 되어 항상 심을 가지고 온 힘을 다해 성왕을 보필하고 지도하였다. 『상서尙書·군석君奭』에 따르면 그는 상나라 때부터 이윤, 보형保衡, 이척伊陟, 신호臣扈, 무현巫賢 등 명신 사보를 교육한 경험을 종합하고, 이전의 사師, 부傅, 보保의 교육 전통을 계승하여 주왕실의 예악과 가정교육의 사, 부, 보 제도를 건립했을 뿐만 아니라 덕을 존중하고 백성을 보호하는 사상으로서 귀족자제의 가정교육 내용을 체계화했다.

주공이 주장한 귀족자제의 가정교육내용은 예禮, 악樂, 사射, 어御, 서書, 수數 등 '육예六藝' 이외에 몇 가지 더 있다. 첫째, "백성의 입장에서 생각하며 이익을 탐하려하거나 안일해지려는 것을 극복해야 한다"고 하였다. 그는 "부모가 농사를 열심히 짓는데 그 자식은 농사의 어려움을 알지 못하고 편히 놀기만 하면, 상스러운 말을 하면서 방종하게 될 것이다. 그렇지 않으면 그 부모를 욕되게 하여 '옛날 사람이라 듣고 아는 것이 없다'고 할 것이다"라고 했다. 이 의미는 어떤 부모는 하루 종일 농사일을 열심히 하지만 자식들은 오히려 편안히 생활하고 노동의 고통을 알지 못하여 향락만을 추구해서, 결국 오만하고 예의 없는 사람으로 변하여 부모의 훈계를 듣지 않고 심지어 남의 비평을 겸허하게 받아들이지 않으면서, 도리어 상대방을 "당신들은 시대에 맞지 않는 사람인데 무엇을 이해하겠소!"라고 비난한다는 것이다. 그는 자식으로 하여금 고통 속에서 어려움을 이해할 수 있도록 하는 것이 가정교육이라고 생각했다. 이러한 후에야 백성의 고통에 관심을 갖고 탐욕과 안일함을 면하게 된다. 주공은 성왕에게 "후세의 임금은 선왕의 창업과 나라를 지킨 어려움을 잊지 말고 백성을 손수 관찰해야 한다. 그리고 백성을 편안하게 할 수 있는 성품을 어떻게 배양하느냐에 따라 국가의 성패가 좌우된다"고 했다. 둘째, 정치를 함에 근면하고 언행에 신중해야 한다. 주공은 왕실의 가정교육을 실시함에 항상 **주왕**紂王[1]이 방탕하고 무도하여 정사를 망친 일과 문왕이 힘써 농사를 짓고 음식을 먹는 것도 잊은 채 열심히 정사를 한, 서로 정반대 되는 예를 교육내용으로 삼아

1) 은나라의 마지막 군주로 하나라의 걸왕과 더불어 대표적인 폭군으로 일컫는다.

성왕을 훈계하였다. 그는 성왕에게 단정하고 공손하고 삼가할 줄 알며 언행에 신중하도록 하여 '덕에 밝고 벌에 신중하여' 성왕에게 솔선수범하도록 훈계하였다. 이러한 교육을 하기 위해 주공은 왕태자를 위해 제사를 지낼 수 있는 문·무묘를 세우고 제사 중에 '왕풍王風' 교육을 실시했다. 이러한 방법은 후에 역대 황실의 본보기가 되어 제도화되었다. 셋째, 사람을 등용할 줄 알며 현자를 구하는데 힘써야 한다. 주공은 사람을 등용할 줄 알고 현인을 구하며, 정사政事를 처리함에 기풍이 있었다. 사서에 "주공이 열심히 하니 천하가 복종하였다"고 했다. 주공은 주왕실의 통치를 보호하기 위하여 스스로 힘써 행했을 뿐만 아니라, 예로써 현자와 선비를 다스리며 근면하고 겸손했으며, 현인을 구하고 사람을 등용하는 것을 관리의 도리로 여겨 통치계급의 귀족자제들을 배양하였다. 이렇게 하여 그들로 하여금 정치에서 관리를 판별하는 능력을 갖도록 했다. 종합해보면, 주왕실 가정교육의 특징은 왕실자제의 도덕수양을 강조하면서, 더불어 도덕수양을 장래 군왕의 가장 중요한 일로 간주하였다. 주공이 세운 사師, 부傅, 보保의 제도는 청대 말기까지 계속 이어졌다. 이것은 왕실가정교육에 커다란 영향을 미쳤다.

서주시대의 청동기

　주공은 주왕실의 가정교사였을 뿐만 아니라 사회교화도 매우 중시한 인물로서 서민의 가정에서도 '이교彝敎'를 행할 것을 제창하였다. 이교란 서민에게 도덕규범을 교육하는 것이다. 주공은 서민의 가정교육은 '인륜을 밝히는 것明人論'이 중심이 되어야 한다고 생각하여 효도의 가르침을 가장 중시하였다. 이것은 후세의 평민가정교육에 커다란 영향을 주었다.

## 5. 『세자법世子法』

주공은 성왕을 교육함에 온갖 심혈을 기울였을 뿐만 아니라 천자 집안의 가정교육제도를 정립하기 위해 손수『세자법』을 제정하였다.『세자법』은 중국 고대문헌 기록 가운데 세자를 대상으로 한 최초의 전문적인 법령 성격을 띤 교육 자료다. 이것은 천자집안의 가정교육제도, 교육내용, 방법과 원칙, 교육목적 등을 구체적으로 제정했으며, 그후 2000여 년 동안 궁전의 보부保傳교육에 커다란 영향을 미쳤다. 따라서 역사 이래로『세자법』은 중국 고대 황실집안 가정교육의 경전으로 자리 잡게 되었다.

### 1) 『세자법』에 규정된 교육목적

『세자법』에 규정된 교육목적은 크게 세 가지다. 첫째, 세자의 심성을 배양하는 것으로서 신분에 맞는 행동을 하고 속으로 기뻐하며, 공손하고 온순하게 행동하는 것이다. 둘째, 세자의 덕성을 기

중국의 전통 가정교육

르는 것으로 "덕이 생기면 존중하는 것을 가르치고, 존중할 줄 알면 바르게 정사를 할 수 있도록 하고, 바르게 정사를 하면 국가를 다스릴 수 있다"는 것이다. 셋째, 부자, 군신, 장유의 도를 가르치는 것이다. 세자가 몸소 모범을 보여 천하의 신하와 백성을 통솔하고 사회, 종법, 정치, 윤리질서를 정돈하며 낡은 풍속을 고쳐 국가를 다스리도록 하는 것이다.

### 2) 『세자법』에 규정된 교관敎官의 직책

여기서는 세자의 교육을 취학 전과 취학 후 두 단계로 나누어 설명하고 있다. 취학전 교육은 사보師保가 전문적으로 책임을 지며, 이때에는 세자의 일상생활 가운데 부자군신의 인륜관계를 실행하는 예의 훈련이 주류를 이룬다. 『세자법』의 규정에 태자를 보좌하기 위해 태사太師, 태부太傅, 태보太保 등의 교관을 두어, 이들로 하여금 태자에게 도덕을 가르치고 신체를 단련시키며 지식을 폭넓게 가르치도록 했다. 세자가 가실家室에 머무를 때에는 '보保'가 함께 했는데, 그 직책은 신체를 보호하며 세자를 돌보는 것이다. 세자가 가실을 나설 때는 '사師', '부傅'가 함께 했는데, 그 직책은 '사물로써 덕이 있는 자를 비유하여 가르치고 덕성을 일깨우는 것'으로 사물을 빌어 이치를 가르치는 것이다. 이것은 사물을 인식하여 덕성을 기르는 것으로, 중국 최초로 지식학습과 도덕교육을 결합하여 제시한 사상이다. 세자가 학교에 들어가면 악정樂正, 대서大胥, 약사龠師[악기를 연주하는 사람], 대사大師, 고종瞽宗, 대사성大司成 등이 세자의 교육을 책임졌다. 위에서 설명한 교관은 모두 명확하게 교학이 세분화되어 있어 세자 및 모든 왕자에게 각 방면의 지식을 가르쳤다.

### 3) 『세자법』에 규정된 학습내용

세자는 주로 국가 통치와 관련된 것들을 학습했는데, 몸을 수양하고 덕을 기르며 통치술을 배우는 것이 그 주요 학습내용이었다. 구체적으로 말하면 다음과 같다. 첫째, 예교禮敎이다. 예교의 내용은 예법을 배우는 것을 말한다. 예를 들면 스승을 존중하는 도리인 석존釋尊의 예, 사친事親의 예, 노인을 봉양하는 예 등이다. 예의 교학은 악관樂官, 사부師傅 등이 책임을 지고 실시했는데, 이들은 예와 관련된 내용을 강의하면서 예의 행위를 훈련했다. 예의 내용은 대부분 국가정치제도와 일상생활 행위규범을 포함할 정도로 그 내용이 매우 풍부했는데, 이 모두가 세자가 학습해야 할 주요 내용이었다. 둘째, 악교樂敎이다. 악교의 과정은 계절마다 계획되었는데 특히 봄, 여름 두 계절에는 전쟁을 모방한 춤을 배웠다. 이때 배운 것은 전쟁에 나간 사나이의 힘을 표현하는 춤으로, 박자가 빠르고 동작은 격렬했다. 가을과 겨울에는 깃털을 가지고 추는 춤을 배웠다. 이것은 고상한 미를 나타내는 춤으로 동작은 부드러우면서 매우 아름답다. 악교도 문무의 도와 마찬가지로 조화의 정신을 일관되게 적용한 것으로, 정조情操와 덕성을 도야하는 의미를 내포하고 있다. 여기서는 춤 이외에도 현악기를 배워 연주를 하고 시를 읊는다. 악교는 악관이 책임을 맡는다.

서주시대 악기, 편종編鐘

셋째, 인재를 선발하고 시비선악是非善惡을 판별하며 나라를 다스리고 백성을 편안하게 하는 통치기술을 배우는 것이다. 그 주요 내용은 앞서 설명한 주공이 성왕에게 행하는 교학내용과 같다. 『세자법』에서 군왕은 반드시 신하와 일반 백성을 다스릴 수 있는 도를 익혀야 한다고 했다. 사람을 다스리는 도로서 가장 중요한 것은 인재를 식별하고 선발하여 임용하는 것이다. 이것은 '현인을 뽑는 기술'을 배워 천하에 현명한 사士로 하여금 조정을 위해 힘쓰도록 하기 위함이다. 또한, 각자의 재능에 맞는 관직을 맡겨 일을 시킬 줄도 알아야 했다. 이러한 대부분의 교육은 주로 연장자가 책임졌다.


## 6. 가정교육과 학교교육의 결합

서주시대에는 종법제의 형성으로, 귀족통치계급들이 가정교육의 중요성을 인식하게 되었다. 뿐만 아니라 이들은 자손의 번영과 봉건 소왕국의 증가로 소규모의 가정교육이 현실정치의 수요를 만족시킬 수 없음을 깨닫게 되었다. 그리하여 점차 귀족자제의 교육 규모가 확대됨에 따라 가정교육의 토대 위에서 귀족자제의 학교를 건립하기 시작하였다.

일찍이 하, 상시기에도 귀족학교가 존재했다고 말하지만, 이를 뒷받침할 만한 문헌자료의 부족으로 귀족자제를 배양하는 교학기구가 확실히 존재했다고 말하기는 어렵다. 그러나 서주시기에는 귀족을 위한 학교교육이 존재했을 뿐만 아니라 이미 완비된 학교제도도 있었다. 서주 학교의 특징 가운데 하나는 귀족의 가정교육과 밀접하게 결합되어 뚜렷한 계급적 특성을 띠었다는 것이다.

서주의 귀족학교를 '국학國學'이라고 불렀는데, 여기에는 대학大學과 소학小學이 있다. 이러한 대학과 소학의 구분은 주로 학생의 연령과 신분에 근거한 것으로, 현재의 고등교육과 초등교육의 의미와는 다르다. 서주시대의 대학은 천자를 위해 설립한 것으로서 규모가 비교적 크며, 사학四學 혹은 오학五學으로 불렸다. 사학이란 남쪽의 '성균成均', 북쪽의 '상상上庠' 동쪽의 '동서東序', 서쪽의 '고종瞽宗'을 말한다. 오학은 위에서 설명한 것에 호수로 둘러싸인 '벽옹辟雍'을 더한 것으로 중앙에 있었다. 사학이나 오학이라는 명칭에 관계없이 이들은 모두 통치계급의 귀족자제를 위해 전문적으로 설립된 것이다. 입학자격을 갖춘 귀족자제를

'국자國子'라고 불렀다. 여기에는 위로는 태자에서부터 아래로는 제후, 공경사대부의 자제까지 포함된다. 이들은 태어나면서부터 종법특권의 세습자로 천자의 왕위 및 제후국의 계승자들이었다. 후에 제후도 대학을 설립했지만 천자를 위해 설립한 대학과는 구별하여 '반궁泮宮'이라고 불렀

벽옹辟雍

다. 왜냐하면 이것은 사면이 호수로 둘러싸인 벽옹과 달리 반만 호수와 접해 있었고, 그 규모도 작았기 때문이다. 이것은 교육면에서 서주 등급제를 구체적으로 반영한 것이다.

귀족학교의 설립은 귀족자제의 가정교육에 새로운 장을 열었지만, 결국 이러한 학교교육도 가정교육의 토대 위에 건립되었다. 서주시기 가정교육은 태교胎敎에서부터 시작했는데 학생의 신분에 따라 제한이 있었다. 일반적으로 왕태자는 8세에 소학에 들어갔는데, 그 이전에는 주로 가정에서 교육을 받았다. 공경公卿의 장자, 대부원사大夫元士의 적자는 13세에 소학에 들어갔고, 제후국의 태자는 8세에 소학에 들어갔다. 소학에 입학하기 전에 모두 가정교육을 받았는데 가정에는 사師, 부傅, 보保가 있어 전문적으로 가정교육을 책임졌다. 당시, 여자는 학교교육을 받을 수 없어서 어려서부터 규방에서 유모에게 가르침을 받았으며 20세가

되면 결혼하였다.

　서주 초기에는 태교를 매우 중시했는데, 이것은 가정교육의 중요한 구성부분이었다. 이것은 주로 태아의 교육환경과 상태를 지칭하는 것으로 예를 들면 가의賈誼는 『신서新書·태교胎敎』에서 "주나라 왕비妃는 성왕을 임신한 후, 서 있음에 자세를 곧게 하고, 앉을 때는 삐뚤게 앉지 않으며, 소란스럽게 웃지 않고, 혼자 있을 때에도 쭈그리고 앉지 않았다. 비록 화가 나더라도 욕을 하지 않는 것이 올바른 태교다"라고 했다. 태교 후에는 바로 유아교육을 시작했다. "성왕이 태어 난 후, 어진 자가 그를 기르고 효자가 그를 배양했으며, 사현四賢이 그와 함께 했다"고 하였다. 따라서 『대대례기大戴禮記·보부保傅』에서 귀족자제는 갓난아기 때부터 가정교육을 시작해야 한다고 했다.

　유아가 밥을 먹기 시작할 때 사, 부, 보 등 가정교사는 오른손을 사용하도록 가르쳤으며, 말을 할 때는 말하는 것을 가르치고, 걷기 시작할 때는 걷는 것을 가르쳤다. 그 후, 수를 세는 것과 방향을 분별하는 것을 가르쳤다. 음악을 가르쳐 감정을 도야하고, 글자를 가르쳐 지식을 가르치며, 예의를 가르쳐 부모를 존경하는 것과 형제와 친구를 사랑하는 것을 배양하고, 군사놀이를 가르쳐 신체를 단련시켰다. 사, 보, 부가 가정교육을 함에 서로 역할이 달랐다. 보保는 주로 신체를 보호하고, 부傅는 주로 덕의德義를 가르치며, 사師는 주로 그 지식을

가르쳤다. 사, 부, 보의 교육을 통해 귀족자제는 지
智, 덕德, 체體 세 방면에서 모두 전면적인 발전을
이루고, 국학에 들어가기 전에 정규학교교육을 받
을 준비를 했다.

　귀족자제가 입학한 후에도 가정교육은 끝나는
것이 아니라, 학교교육에 필요한 것을 지속적으로
보충하였다. 『대대례기大戴禮記・보부保傅』, 『주례
周禮』, 『예기禮記』에 따르면 왕태자는 입학한 후,
궁전에 돌아와 가정교육을 받았다. 「보부保傅」에
서는 "학교에서 돌아오면 태부에게서 배운다. 태
부는 벌을 주고 모자라는 것을 채우면서 덕과 지
혜를 가르치며 도를 터득하게 한다"고 했다. 즉,
왕태자가 태학에서 공부를 마치고 궁전으로 돌아
오면, 태부는 황태자에게 바르지 못한 행동을 고
치도록 하고 학교에서 이해하지 못한 지식을 알게
했으며 또한 그것을 익히도록 하면서 덕성과 지식
을 가르쳤다. 이것은 황태자에게 지식을 완전히
장악하게 하기 위함이다. 이로부터 우리는 서주시
대에 귀족자제의 가정교육과 학교교육이 서로 밀
접하게 결합되면서 상호발전을 촉진시켰음을 알
수 있다.


## 7. 사士 계층의 가정교육의 발전

　종법가장제는 춘추 초기부터 쇠퇴하기 시작하

여 춘추말기와 전국시대 초에 이르러 완전히 해체 되었다. 종법가장제의 해체는 인구증가 및 인구의 대이동 특히 정전제井田制의 해체와 직접적으로 관련된다. 인구의 증가에 따라 농촌에서는 정전만으로 부역을 하며 생활을 유지하기 어렵게 되자, 서민과 귀족간의 사회적 모순이 야기되었다. 그밖에도 귀족수의 증가로, 서자와 방계자손들의 귀족지위가 유지되기 어려웠다. 이것은 결국 사士이하의 평민집단이 점차 증가하도록 했고, 더불어 종족 내부의 충돌로 이어져 계급 분화를 촉진시켰다. 이러한 이유로 과거의 봉건 종친이 거주하던 성읍, 교외, 서인과 피동치자들이 살고 있던 '국國', '야野' 등의 제도가 붕괴하기 시작했고, 이에 발맞춰 종족제宗族制와 정전제도 동요되기 시작하였다.

종족제와 정전제의 붕괴는 사회와 가정구조의 재구성을 초래했다. 게다가 춘추전국시대의 끊임 없는 사회동란과 정치개혁으로 귀족출신이 몰락한 후, 사회적으로는 평민계층에서 성장한 사 계층이 새롭게 등장하기 시작하였다. 새로운 계층에 속하는 사 계층은 노예제도의 붕괴와 봉건제의 출현에 따라 급성장한 새로운 세력이다. 이들은 노예제의 사회구조를 타파하면서 학술을 널리 보급시키는데 있어 선구자적 역할을 했으며, 동시에 정치와 경제를 촉진시켜 노예제가 봉건제로 전환하도록 했다. 사 계층은 많지 않았지만, 이들의 사회활동은 그 영향력이 매우 컸다. 이들이 몰락한 귀족출신이든 혹은 평민계층에서 상승한 지식인이든 이들 모두는 자신들이 평민계층으로 하락하는 것을 받아들일 수 없었다. 그래서 스스로 삶을 개척하고 '배움에 뛰어나서 관리가 되는' 방법을 통해, 정치무대에 나아가 대대로 관리가 되기를 희망했다. 따라서 사 계층의 가정교육에 그들만의 특징이 나타났다.

첫째, 사는 정신노동자로 이들의 생계수단은 문화지식이다. 이들 가정교육의 특징 가운데 하나는 문화지식의 전수이기에, 농민이나 수공업자 또는 상인처럼 농사를 짓는 것, 기술을 배우는 것 혹은 장사를 하는 것 등은 가정교육의 주요내용에서 제외시켰다. 사 계층의 가정교육은 사의 직업과 일치하는 것으로 주로 예, 악, 시, 서 등 서면書面지식과 '수기치인修己治人'의 도였다. 『논어論語』에는 공자孔子의 가정교육이 기록되어 있는데, 일찍이 공자의 학생들은 공자가 자식교육을 함에 그들의 교육과 어떤 구별이 있는지 유심히 관찰하여, 마침내 그 교육내용과 방법이 같다는 것을 발견했다. 이것은 사의 가정교육이 문화와 교육을 중시하고 자제에게 사가 될 수 있는 능력을 배양하는 것에 중점을 두었음을 의미한다.

둘째, 사 계층에서의 가정교육 특징은 자제가 관리가 될 수 있도록 하는 것이다. 춘추전국시대에 사의 종류는 매우 복잡했다. 일반적으로 사는 무사武士와 문사文士 두 종류로 구분된다. 이때의

노자老子

무사는 단순히 체력 또는 무예에 의존하는 병사로 자객과는 달리 병가兵家의 일에 능력이 많은 인재였다. 예를 들면 손무孫武, 오기吳起, 손빈孫臏, 악의樂毅 등은 통치자를 위해 정성을 다했을 뿐만 아니라, 책략策略도 헌사했다. 문사는 통치자에게 지혜를 받치는 것으로 통치자를 위해 정책을 제정하고 계획을 제시하였다. 이러한 책사策士에는 소진蘇秦, 장의張儀 등의 종횡가縱橫家가 있었으며, 학자와 교육가로는 맹자孟子, 순자荀子, 묵자墨子, 노자老子, 장자莊子 등이 있었다.

무사와 문사를 막론하고 이들은 통치자를 위해 일하는 것을 생계의 도로 삼았기 때문에, 정치능력의 배양을 중시했을 뿐만 아니라 그의 자제에게 예악문화를 가르치는 것도 중시했다. 심지어 학술·예능 방면에서 자기 집안만의 독창적인 것이 있다면 외부에 쉽게 전수하지 않았으며, 그 자손이 관리가 되고 승진하는데 유리하도록 사용했다.

사 계층의 가정교육은 춘추전국시대부터 더욱 공고히 발전하였다. 이처럼 사회의 발전과 공부하는 사람들의 증가로 고대 봉건사회에서 지식인의 가정교육은 학교교육을 위해 필요한 중요한 보충교육이 되었다.

## 8. 사민四民의 가정교육

춘추전국시기 정전제와 종법가족제의 붕괴로, 농업에서는 '많은 사람이 노동을 하던' 대규모 노예집단의 경작이 사라지고, 개체가정이 사전私田을 점유하는 노동방식이 새롭게 등장했다. 상업방면에서는 '공상식관工商食官'의 제도가 타파되었고, 학술방면에서는 사학의 발전으로 말미암아 '학술관수學術官守' 즉, 학술을 관부에서 독점했던 현상이 사라졌다. 이러한 이유로 사회제도는 급속히 변화하고, 사회분업으로 사회 구성원은 통치계급 이하 사士, 농農, 공工, 상商으로 분리되었다.

『관자管子・소광小匡』에서는 사, 농, 공, 상을 '사민四民'이라 부르고 직업의 성격에 따라 학교, 밭, 관부, 시정市井 등에 분리해서 배치하고, 가업을 전하는 것에 따라 이들에게 가정교육과 직업훈련을 실시했다. 후세의 고증에 의하면 『관자』라는 책은 순수하게 관자 개인이나 관자학파만의 작품이 아니라고 한다. 그러나 이 책은 춘추전국시기에 사회분업이 출현하고 사, 농, 공, 상의 가정교육이 존재했음을 입증한다.

사의 가정교육은 위에서 이미 문사와 무사로 나누어 제시했다. 이들은 문화지식과 관리가 되는 소양훈련을 중시했는데 '육예(六藝: 예禮, 악樂, 사射, 어御, 서書, 수數)'가 주요 교육내용이었다. 이밖

에 어떤 한 방면의 특정기술로 생계를 유지하는
사가 있었는데 이들을 '주관疇官'이라고 불렀다.

'주관'은 본래 주왕실에서 과학기술로 귀족을
위해 일했던 관리이다. 이들은 아버지의 직업을
이어받아 가업을 대대로 전하였다. 그러나 서주
말기에 주왕실은 왕실의 쇠퇴와 재정의 궁핍으로
많은 관리를 배양할 수 없게 되었다. 따라서 주관
및 그 자제는 민간으로 흩어져 집안대대로 전해온
기술을 이용하여 생계를 유지하는 사가 되었다.
이러한 사는 책을 쓰고 학설을 세우며 '궤변을 늘
어 놓는' 문사와 달리 남다른 기예가 있었다. 예를
들면 기계체조, 천문, 역학, 의학, 야금, 수레 만들
기, 농학 등에 비교적 깊은 조예가 있었다. 스스로
장악한 기술을 바탕으로 생계를 유지했고 관직에
도 오를 수 있었다. 이러한 사의 가정교육은 기예
를 전수하는 것이 주가 되었다. 그리고 이들의 교
육방식은 주로 스승이 제자를 두고 기본적인 훈련
에 입각한 관찰과 실험을 중시하는 것이었다. 일
반적으로 이러한 사의 가정교육에는 상당한 비결
이 있어 아들에게는 전하지만 딸에게는 전하지 않
고, 심지어 일부 특이한 기예는 장자에게만 전하
고 차남에게는 전하지 않았다. 물론 외부인은 말
할 필요도 없다. 이러한 비결이 있는 가정교육은
일단 계승할 후세가 없으면 중단되었기에 뛰어난
기예 가운데 어떤 것들은 전수될 수 없었다. 한나
라 사람 저소손褚少孫은 일찍이 "주관은 부자가 대

대로 세습하여 전하고 그 기예가 심오하나 많은 경우 전해지지 않고 있다"고 했다(『사기史記·귀책전龜策傳』). 이러한 현상은 특히 의학과 야금술 방면에서 나타났다.

농민의 가정교육은 그 교육내용이 주로 생산기술이나 생산경험과 관련된 것들이었다. 예를 들면 때에 맞춰 씨를 뿌리고 농기구를 제작하고 토지를 이용하며, 모와 잡초를 구별하고, 농작물간의 밀도를 알고 때에 맞춰 비료를 주며, 적합한 시기에 수확하고 저장하는 것 등이다. 농민의 가정교육에서는 생산기술 외에 사계절의 변화와 농사의 규칙을 매우 중시했다. 동시에 후손들에게 노동에 임하는 태도를 중시했고, '어려서 배우면, 마음이 편안하다'고 가르쳤다. 따라서 농가의 자제는 소박하고 근면했다.

공업에 종사하는 백성의 가정교육은 그가 종사하는 직업에 따라 정해졌는데, 주로 공업기술을 전수하는 것이다. 부자 사이에는 "서로 일을 가르쳐 능력을 보여주며, 기교를 가르쳐 능력을 높인다"면서 가업을 대대로 전했다.

상민의 가정교육내용은 주로 시장에서 물건을 매매하는 것과 관련된다. 여기에는 자연재해, 정세의 변화와 시장의 흐름, 국정과 사시를 이해하고 생산지와 시장의 상황에 대해 잘 관찰하는 것 및 상품의 구매와 출처에 대한 지식 등이 포함된다. 상민은 이윤을 목적으로 상업지식을 가르쳤다. 그래서 아버지는 자식에게 이윤에 대하여 가르치고, 시기를 파악하는 것을 일러 줌으로써 자식의 상업 능력을 배양시켰다.

## 9. 제후諸侯의 가정교육

춘추전국시기 국유제가 무너지자, 정치적으로 주권자의 지위는 유명무실해졌다. 그리고 각 제후 국이 서로 겸병하면서 약소한 제후국들은 잇따라 강대한 제후국에 들어가게 되었다. 그래서 전국시 기에는 진秦, 제齊, 한韓, 연燕, 조趙, 위魏, 초楚 등 일곱 개의 제후국이 형성되었다.

서주시기에 중앙 왕실은 국학을 설립했다. 그래 서 제후의 자제는 가정교육을 바탕으로 국학에 들 어가 정규교육을 받을 수 있었다. 따라서 '관부에 서 배우는 것'은 바로 '왕실에서 배우는 것'이었 다. 비록 역사적으로 제후들이 '반궁泮宮'을 설립 한 적도 있었지만, 서주시기에 제후들이 반궁을 설립하는 사례는 매우 드물었다. 춘추전국시기에 천자는 권위를 잃고 오히려 네 개의 오랑캐(四夷: 東夷, 西戎, 南蠻, 北狄)로부터 배운 반면에 제후들은 정치적으로 강대해져 그 자제들이 교육에서 특권 을 누릴 수 있게 되었다. 이들은 가정교육을 강화 하고, 다른 한편으로는 문사를 모아 배양하면서 제후의 궁전학교를 설립하였다. 따라서 서주시기

가정교육은 학교교육과 결합된 형식으로 새로운 역사단계로 발전해 나아갔으며, 노예주 귀족의 학교교육이 봉건사회의 학교교육으로 전환되도록 촉진했다.

제후들이 가정교육을 중시한 사례는 많다. 이러한 사례는 『국어國語』, 『좌전左傳』, 『모시毛詩』, 『전국책全國策』, 『여씨춘추呂氏春秋』 등에 많이 기재되어 있다. 예를 들어 그 가운데 몇 가지를 살펴보면 다음과 같다.

예 1) 기원전 573년 진도공晉悼公이 즉위하면서 그 당시 지식이 있는 사를 소집하였다. 예를 들면 순가荀家, 순회荀會, 난염欒黶, 한무기韓无忌 등 공족公族대부를 모아 놓고 "경卿의 자제는 모두 검소하고 효제해야 한다(『좌전左傳·성공成公18년年』)"고 훈계하였다. 교육사학자들은 이러한 교육은 아마도 반궁에서 했을 것이라고 분석한다. 후에 진도공은 양설서羊舌西[2]가 『춘추』에 매우 조예가 깊다는 소리를 듣고 그를 궁으로 불러 태자 표彪의 부傅로 삼았다. 부는 바로 가정교사다. 일반적으로 서주시기에는 천자왕실에서 학궁을 세워 이곳에서 가르치도록 했지만, 춘추시기에 이르러 제후들도 이러한 것들을 설립했다. 여기서 우리는 제후들이 태자교육을 중시했음을 알 수 있다.

예 2) 『국어國語·보어사普語四』에서 진문공晉文

2) 춘추시대 때 진나라의 대부.

公은 서신胥臣으로부터 배웠다고 기록되어 있다. 처음에 진문공은 자신의 신체에 장애가 있어 행동이 불편하니, 오직 많이 듣고 배워야 한다고 생각했다. 그러나 서신은 그를 격려하며 학습은 광대한 책 속의 지식만 얻기 위한 것이 아니라, 교육이란 수단을 통하여 덕성을 개조하고 발전시키는 것이며, 오직 덕성수양만이 훌륭한 성군이 될 수 있는 길이고, 훌륭한 인재들로부터 보좌를 받을 수 있는 방법이라고 말하였다. 진문공은 이러한 도리를 깨달아 음처부陰處父에게 태자 양讓을 교육하도록 했는데, 태자 양이 바로 후세의 진양공晉襄公이다.

예 3) 『국어·초어상楚語上』에 초장왕楚庄王[기원전 613~기원전 591년]도 태자의 가정교육을 매우 중시했다고 기록되어 있다. 그는 사미士亹를 청하여 태자 잠箴이 교육하도록 했는데, 태자 잠은 바로 후세의 초공왕楚共王이다. 초장왕은 박식한 사람을 초빙하여 태자의 가정교사로 삼았을 뿐만 아니라 신숙시申叔時에게 태자를 가르치는 방법을 청하여 배웠다. 신숙시는 "선을 가르치고 악을 억제하기 위해서 『춘추春秋』를 가르치시오"라고 말하였다. 『춘추』는 역사서로서 주로 국가와 임금의 정치에 대한 경험과 교훈을 기록한 책이다. 이것은 통치자가 '수기치인修己治人'의 도를 수양하는데 도움이 된다. 신숙시는 또 초장왕에게 『예』, 『악』, 『시』, 『국어』등의 책을 소개했는데, 이러한 것은 모두 왕태자의 가정교육 내용으로서 손색이 없다고 생각했기 때문이다. 신숙시가 소개한 각종 책의 교육목적과 제후 자제에 대한 가정교육을 근거로 추론해 볼 때, 춘추시기 제후들의 가정교육은 국가의 흥망성쇠와 관련되었음을 알 수 있다. 전국시기에 이르러 제후의 가정교육은 상당히 발전했고, 제후 대부의 가정에서는 사를 배양하는 동시에 덕과 재능을 겸비한 사를 초빙하여 가정교사로 삼았다.

## 10. 공자孔子의 가정교육

공자는 고대 중국의 가장 위대한 교육자다.

공자孔子      공묘비석

그는 최초로 사학을 창립하고 문무文武의 도를 서술했으며, 육경六經을 편찬하고 유가학파를 세웠을 뿐만 아니라 고대 중국의 가정교육에도 탁월한 이론적 공헌을 했다. 공자의 성은 공孔이고 이름은 구丘이며 자는 중니仲尼이다. 노나라 추읍陬邑[지금의 산동山東 곡부曲阜] 사람으로 노양공魯襄公 23년(기원전 551)에 태어나서 노애공魯哀公 16년(기원전 479)에 사망했다. 공자가 처해있던 시대는 마침 노예제가 봉건제로 향하던 변혁 초기로 종족 가장제가 붕괴되던 시기였다. 사, 농, 공, 상의 사회적 분업에 따라 개체가정이 신속하게 발전했고, 사회와 가정구조의 변화로 말미암아 원래의 전통 예악문화가 쇠퇴하였다. 이것은 결국 전통 도덕체계의 붕괴를 초래하여 '예악이 붕괴되는' 국면에 처하게 되었다. 공자는 이러한 현상에 비추어 국가에서 가정에까지 이르는 정치윤리 강령을 정돈하고, 예악문화를 재건하고자 뜻을 세웠다. 그는 '군군君君, 신신臣臣, 부부父父, 자자子子'의 정명正名사상을 제기하고 교육이라는 수단을 통해 '효'를 근본으로 하면서 가정윤리를 토대로 하는 '인예仁禮'의 정치도덕체계를 세웠다. 이로써 모든 사회가 '천하의 혼란'에서부터 '천하가 잘 다스려지는' 방향으로 변화되기를 희망했다.

윤리도덕질서를 바로 세우는 것이 정치의 기초라고 공자는 생각했다. 윤리는 부모자녀간의 혈연관계로부터 세워지는 것으로, 가정의 윤리도덕교육이 국가정치를 보장한다고 생각했다. 공자는 "효도하라, 오직 효도하라, 형과 동생에게 우애 있게 대하라, 네가 정치를 행함에 이것 또한 정치를 하는 것이다"(『논어論語·위정爲政』)고 했다. 그는 효를 가정교육의 근본내용으로 삼을 것을 강조했다.

공자는 사람이 효제孝悌를 알면 윗사람을 범하지 않아 사회가 혼란하지 않을 것이라고 생각했다. 왜냐하면 '효孝'는 '인仁'의 근본이자 '예'의 근본이기 때문이다. 만약 어떤 사람이 부모에게 효경하고 형제를 사랑할 줄 안다면 부모형제나 가정 구성원들을 고려하여, 자신이 개체 소가정의 생활공동체 속에 소속되어 있음을 인식하고, 개인이 '윗사람을 범하는' 것으로 인해 가족구성원에게 불행을 주지 않을 것이다. 다른 한편으로는 어떤 사람이 효제와 덕행의 소양이 있다면 이러한 인간관계를 처리하는 행위준칙이 상사에게 복종하는 것으로 전화되어 임금에게도 충성할 수 있기 때문이다. 공자는 가정의 효제교육은 개체가정을 화목하고 공고하게 하는 것과 관련되어 사회와 국가의 안정에 유리하다고 생각했다. 고대의 통치자들은 가정교육과 사회의 교화로서 효도를 제창했는데 그 목적은 '효를 충에 옮기는 것'으로, 이것은 윤리도덕을 정치도덕으로 직접 전화시킨 것이라고 볼 수 있다. 한대 이후 전하는 "충신은 효자에게서 나온다"는 말은 효도의 가르침이 가정교육에서 매우 중요한 위치를 차지하고 있음을 의미한다.

공자는 가정윤리교육은 정의情義의 교육이라고 생각했다. 왜냐하면 정情이 있어 예의가 있기 때문이다. 아버지의 의義는 반드시 자애로움이 있어야 하고, 자식의 의는 반드시 효가 있어야 하며, 형의 의는 반드시 동생을 사랑해야 하고, 아우의 의는 반드시 형을 공경해야 하며, 부부는 가정과 관련된 사람들과 친근함의 여부에 따라 마땅히 행해야만 하는 의가 있어야 한다. 윤리관계는 즉 정의관계로 서로의 의무관계를 나타낸다. 그리고 형과 형수는 자녀 및 어린 동생들을 부양할 의무가 있으며, 자녀 및 동생들은 부모 및 형과 형수를 부양할 의무가 있다. 이러한 의무는 예의이면서 효제와 인의로, 동시에 정의관계의 가장 기본적인 것을 반영한다. 따라서 공자는 효제의 가르침을 강조하고 윤리 정서의 함양을 중시했다. 예를 들면 자식은 부모가 살아 계실 때 부모 곁을 멀리 떠나서는 안 된다. 이것은 부모가 보살핌을 필요로 할 때 도와 줄 수 있는 사람이 없어, 부모에게 걱정을 끼치지 않기 위함이다. 자식은 연로하신 부모를 모심에 반드시 정감을 두텁게 하는 것을 우선하여 부모에게 의복과 음식을 제공할 뿐만 아니라 자식으로서 부모에게 전심전력으로 효도해야 한다. 따라서 공자는 부모를 공경함에 '얼굴빛(감정)을 조절하기가 어렵다'고 했다. 얼굴빛을 온화하게 하고 즐겁게 하며, 예의로 공경하면서 내면과 외면이 일치하게 하는 것이 진정한 효순의 도리인 것이다.

공자는 부모에게 효도함에 얼굴빛을 밝게 하는

것이 어려우며, 가정교육의 과정 속
에서 아내와 자식에 대한 부친으로서
의 감정 또한 장악하기가 어려운 것
으로 "멀리 있으면 원망하고", "가까
이 있으면 예의가 없어진다"고 했다.
따라서 공자는 "여자와 소인은 기르
기養 어렵다"고 했다. 여기서 '양養'은
바로 교양의 의미이다. 춘추시기에
사람들은 아직 가정교육의 경험이 부
족하여 감정을 통제하기 어려웠다.

공자조정광기孔子祖庭廣記

따라서 '자식을 편애하는' 현상이 자주 나타났다.
후세의 유가는 이러한 가정교육의 어려움을 극복
하기 위해 부모의 성격을 조절하는 것과 교육방법
에 심혈을 기울여 '엄부자모嚴父慈母'로서 엄격하
고 부드러운 것을 서로 보완하는 가정교육원칙을
제시하면서 공자의 가정교육방법을 발전시켰다.

『논어』에는 학생이 의문이 생기면 부모에게 가
르침을 청하는 내용의 말이 많이 기재되어 있다.
공자는 부모의 경험은 자식의 행위를 지도함에 충
분하다고 생각했고, 부모는 반드시 자녀의 행위결
과에 책임을 져야 한다고 생각하였다. 따라서 부
모는 반드시 솔선수범하여 자녀의 본보기가 되어
야 한다. 이것은 부모의 행동이 바르지 못하면 아
이의 행동 또한 바르지 못하기 때문이다.

공자는 가정교육 환경을 매우 중시했다. 그는
"이웃 사이에 인仁이 있으면 아름답다"고 말하였

다. 공자는 자녀의 성장은 주변의 문화도덕환경과 관련 있다고 생각하여 부모는 반드시 '거함에 좋은 이웃을 선택하는 것'을 중시하고, 아이가 친구를 사귀는 것도 지도해야만 하며, 자기의 아이가 비천한 친구를 사귀어 나쁘게 되는 지에 대해서도 걱정해야 한다고 했다. 그는 좋은 환경의 영향을 중시했는데 "만약 천성에 따라 성장한다면, 습관은 자연히 이루어진다"고 생각했다.

　종합적으로 공자의 가정교육이론은 주로 사 계층에 적합한 것이었지만, 서로 다른 계층의 가정에도 적용되었다. 공자가 강조한 가정교육의 핵심 내용은 '효제'를 중심으로 한 윤리의식과 우의의 배양이다. 그 목적은 가정교육이라는 수단을 통해 가정 및 가정구성원의 윤리적 관계와 완벽한 가정등급을 공고히 하고, '부부父父', '자자子子'를 통해 '효'를 '충'으로 삼아 가정윤리관계를 사회인간관계로 확대하면서 정치도덕영역으로 전화시켜, 가정의 기초 위에 국가의 통치 질서를 세우는 것이었다.


## 11. 경강敬姜의 가정교육

　춘추 후기, 노나라의 정치는 계季씨가 장악하였다. 애공哀公 4년에서 27년(기원전 506~468) 국정을 장악한 것은 바로 계강자季康子였다. 노나라의

권력을 장악하고 있던 계강자는 숙부 공부문백公
父文伯이 매우 총애하고 신임하던 대장부였다.

공부문백의 관직은 대부大夫의 계열에 해당되었
지만 조카가 나라를 다스린다고 생각하자 교만하
고 사치스러운 마음이 싹트기 시작했다. 어느날
그가 조정에서 나와 집으로 돌아가 어머니 경강에
게 잘난 척 뽐내면서 문안 인사를 드렸다.

연로한 그의 어머니는 높은 지위와 후한 봉록으
로 가만히 앉아서도 부귀영화를 누릴 수 있었지만
평생 근검절약하며 살았다. 그녀는 늘 가만히 있
지 않고 일반 부녀자처럼 물레 앞에 앉아서 베를
짰다. 이날 공부문백은 어머니의 이러한 모습을
보고 "어머니! 이젠 쉬어야 할 때입니다. 저희 같
은 가정에서 노모가 아직도 베를 짜고 있다는 것
을 다른 사람이 안다면, 제가 어머니를 잘 보살피
지 못하고 불효한다고 욕하며, 조카 계강자가 안
다면 기뻐하지 않을 것입니다"라며 매우 못마땅하
게 말했다.

경강은 이 말을 듣자 깊은 한 숨을 내쉬며 계속
베를 짰다. 베를 짜면서 "노나라가 정말 망하겠구
나! 너희 같은 사람이 관리가 되어 국가의 운명을
책임지니, 너희가 진정 국가를 다스리고 이끄는
도리를 이해하지 못하는 구나. 여기 앉아서 내가
하는 말을 잘 듣거라"고 말했다.

공부문백은 물레 앞에서 베를 짜고 있는 어머니
곁에 조심스레 앉았다. 경강이 의미심장하게 "고

대의 성왕은 나라를 다스림에 척박한 땅에 백성들을 보내어, 백성들에게 열심히 땅을 개간하도록 하여 그 땅을 쓸모 있게 했다. 그래서 오랫동안 국가를 통치할 수 있었다. 왜 이렇게 했겠느냐? 무릇 백성이 근면하면 그들은 선량한 생각을 한다. 그렇지 않으면 음탕한 것을 생각하게 된다. 음탕한 것을 생각하면 곧 선량한 것을 잃게 된다. 사람이 선량한 것을 생각하지 않으면 사악한 생각이 자연적으로 생기게 된다. 옛날부터 비옥한 땅의 백성들은 음탕하고 안일했으며 척박한 땅의 백성들은 선량하며 의를 추구하였다. 이것은 모두 백성들이 근면한 지 혹은 그렇지 못한 지의 차이에서 온 것이다. 이러한 도리는 작게는 백성에서부터 크게는 천자天子, 삼공三公, 구경九卿, 백관百官에 이르기까지 모두 같다. 천자와 백관이 함께 열심히 정사를 보면 국가의 정치는 반드시 어질고 덕이 있어 천하는 평안해진다. 천하가 이러할 뿐만 아니라 제후국들은 천자의 명령을 받들어 낮에는 국책을 토론하고 저녁에는 그 법을 살펴보고 밤에는 많은 일을 생각하며, 어떠한 관직에서든 안일하고 방탕한 생각을 갖지 않게 되어 제후의 나라가 평안해질 것이다. 만약 경대부가 아침에 자신의 직책을 생각하고, 낮에는 열심히 정사를 보며, 저녁에는 법과 예악문화를 열심히 배우고 직책과 덕을 열심히 수양하며, 더불어 집안일에 관심을 가지면 천하가 평안해질 것이다. 배우는 자는 아침에 수업을 듣고 토론을 하며, 저녁에 연습을 하여 공고히 하고, 밤에 다시 보아 의문이 없도록 하면, 학업이 성취되어 편안히 살 수 있을 것이다. 백성들도 이와 같이 해가 뜨면 일을 하고 해가 지면 휴식을 취하면서, 매일 부지런히 일한다면 가정이 편안해지고 자손이 번창할 것이다"라고 했다.

노모의 훈계를 들으면서 공부문백은 고개를 자주 끄덕였다. 경강이 여기까지 이야기했을 때, 공부문백은 '이것은 모두 남자의 일로서, 우리 가정은 먹고 입을 것이 부족하지 않으며 관직에 오른 사람도 많은데 연로하신 어머니께서 몸소 이렇게 실을 타야 하는가?'라고 속으로 생각하였다. 그래서 그는 이해하지 못한 듯이 "어머니께서 하신 말씀은 모두 남자의 일로서 제가 어찌 감히 안일한 것을 좋아하고, 일하기를 싫어할 수 있겠습니까? 어머니께서는 이미 연로하시어 편안히 쉴 수 있는데도 그렇지 못함은 아들이 불효하는 것이 아닙니까?"라고 말했다.

경강은 이어 "내 말을 잘 들어 보거라. 게으름은 죄다. 이것은 고대부터 지금까지 내려온 법도와 같다. 남자뿐만 아니라 여자도 이와 같다. 왕후, 제후의 부인, 경卿의 내자內子, 명부命婦, 열사烈士의 아내는 모두 훌륭했다. 이렇게 위에서부터 아래에 이르기까지 사람들이 모두 근면했는데 누가 감히 방탕한 생각을 하겠느냐? 나는 이제 늙은 과부이고 너는 낮은 직위를 가지고 있는 대부로서 아침·저녁으로 군왕을 모시고 있는데, 나는 네가 선인이 이룩한 뜻을 저버릴까 걱정이 되는구나. 네가 점점 나태해지는 것을 보니 앞으로 어떻게 죄를 면할 수 있겠느냐? 나는 네가 아침·저녁으로 선인의 업적을 저버리지 않도록 일깨우기를 바라는데, 너는 도리어 왜 향락을 즐기지 않느냐고 내게 묻는구나. 이것으로 보아하니, 네가 비록 부친의 관직을 계승했지만 오히려 이씨의 대를 잇지 못할까 심히 걱정이 되는구나!"라고 말했다.

작은 것으로부터 큰 것을 보도록 하는 노모의 간곡한 훈계는 공부문백이 게으르지 않도록 하여 그에게 깊은 깨달음을 주었다. 원래 노모가 집에서 쉬지 않고 베를 짠 것은 몸소 아들로 하여금 정사에 근면하고 근검절약하며 영원히 대를 잇도록 가르치기 위함이었다. 후에 그는 이러한 사실을 계강자에게 알렸는데 계강자 역시 그의 말에 감동했다.

이때부터 공부문백은 매일 조정에서 집으로 돌아오면 오랫동안 어머니 곁에서, 어머니가 힘들게 베를 짜는 것을 바라보았는데 '웅웅'거리는 소리가 마치 어머니가 끊임없이 훈계하는 소리 같았다고 한다.

## 12. 맹자孟子 어머니의 가정교육

전국戰國시기 노魯나라 추鄒[지금의 산동山東 추현鄒縣]에서 태어난 맹가孟軻는 위대한 교육자이자, 공자의 뒤를 이은 유학의 대가로 사람들은 그를 '아성亞聖'이라고 존칭한다. 그는 공자가 창시한 유가학설을 계승하고 발전시켰다. 따라서 그의 사상은 매우 자연스럽게 공자학설의 체계 속에 받아들여졌고, 이 둘의 학설을 합쳐 '공맹孔孟의 도道'라고 부른다. 공맹의 도는 중국 봉건사회의 통치계급으로부터 존중받던 사상으로 이들의 높은 지위는 역대 봉건황제도 따라잡을 수 없었다.

맹자

맹자는 노나라의 귀족 맹손씨孟孫氏의 후손이다. 비록 그는 귀족신분으로 태어났지만 실제로는 어려서부터 가정이 빈곤하여 귀족 자제들이 누렸던 무사태평한 생활을 누릴 수 없었다. 맹자의 부친은 맹자가 어려서 죽어 그의 어머니가 맹자의 부양과 교육을 전적으로 책임졌다. 맹자의 어머니는 근면하면서 자식을 잘 가르친 사람으로 중국 가정교육사에서 높이 칭송되고 있다. 특히 '맹모가 세 번 이사한 것孟母三遷'과 '자식을 가르치기 위해 베를 자른 것斷機教子'은 오랫동안 사람들에게 회자되고 있다.

맹자가 아버지를 여읜 뒤, 맹자의 어머니는 묘

지 주변으로 이사를 갔다. 맹자는 어려서부터 천성적으로 활발하여 놀기를 좋아했는데, 매일 묘지 옆에 있는 공터에서 묘 만드는 것을 따라했다. 맹자의 어머니는 이곳이 아이에게 좋은 장소가 아니라는 것을 깨달았다. 그래서 시장이 밀집되어 있는 시끌벅적한 곳으로 이사를 갔다. 그녀가 이렇게 한 이유는 사람이 많아 떠들썩한 곳에서는 많은 것을 보고 들을 수 있어, 사람의 본업을 배울 수 있다고 생각했기 때문이다. 그러나 어린 아이가 천성적으로 어른의 행위를 모방하기 좋아한다는 사실을 누가 알았겠는가. 맹자는 전처럼 묘 만드는 놀이를 다시 하지 않았지만, 하루 종일 상인들이 물건을 팔기위해 소리 지르며 말하는 어투를 배워 마치 잡상인 같았다. 맹자의 어머니는 맹자의 이러한 모습을 보고 매우 불만족스러워 하며 이곳도 아이를 교육시킬 곳이 아니라고 생각하여 학교 근처로 이사를 갔다. 그러자 이때부터 맹자는 학교의 선생님과 학생들을 모방하여 제기祭器를 놓고 예를 다하여 나아가고 물러나는 예악禮樂 활동에 깊은 관심을 갖기 시작하였다. 맹자의 어머니는 아이의 교육환경에 주의하여 세 번이나 이사를 하였다. 결국 이러한 수고는 맹자로 하여금 배움에 흥미를 갖고, 성장한 후 육예六藝를 배우고 유가의 학술을 좋아하게 했다.

맹자는 배움에 진보가 매우 빨랐다. 집을 떠난 지 몇 년의 노력 끝에 그는 자신의 배움에 스스로 만족하여, 집으로 돌아와 어머니에게 이제 배움을 그만 두려고 한다고 기쁘게 말하였다. 맹자의 어머니는 베를 짜면서 아들에게 "배운 것이 어느 정도에 이르렀기에 여기서 그만두려 하느냐?"고 물었다. 맹자는 "스스로 생각하기에 만족하면 된 것이 아니겠습니까?"라고 대답했다. 맹자의 어머니는 이 말을 듣자 더 이상 말을 잇지 못하고, 칼로 짜던 베를 끊어버렸다. 맹자는 이러한 상황을 보자 겁을 먹고 어머니에게 왜 이렇게 하시느냐고 물어보았다. 맹자의 어머니는 "애야, 네가 지금 학업을 중단하는 것은 내가 이 베를 자르는 것과 같다. 뜻이 있는 자가 학문을 하는 것은 공명功名을 세우고 큰일을 하기 위해서다. 따라서 널리 학문을 익혀야 한다. 이를 통해 거처함에 안정됨을 구하고, 행동에 있어 큰 재앙을 피할 수 있다. 오늘 네가 학업을 중단하면, 너는 먼 훗날 반드시 일반

맹모孟母가 베를 자르는 모습

서민이 되어 노역의 어려움을 겪게 될 뿐만 아니라 병역의 수고도 겪게 될 것이다. 이것이 내가 하루 종일 베를 짜며 생계를 유지하는 것과 무엇이 다르겠느냐? 네가 배움을 중단하니, 앞으로 네 아내와 자식이 입을 옷을 어떻게 마련하고, 나이가 들어 어떻게 생계를 유지하겠느냐? 부녀자도 생계를 유지하려고 노동을 버리지 않는데, 하물며 남자가 도덕수양을 열심히 하지 않는다면 타락에 빠져 도둑질이나 노역을 하거나, 혹은 병역을 치러야 한다"고 말했다. 맹자는 이 말을 듣고 크게 뉘우쳤다. 그리하여 이때부터 하루 종일 공부함에 예전보다 많은 노력을 하였다. 후에 그는 집을 멀리 떠나 공자의 손자 자사子思를 스승으로 삼고, 『육경六經』을 열심히 연구하고 읽어서 유학의 도리를 깊게 깨달았을 뿐만 아니라 유학을 널리 전하여 마침내 천하의 명유名儒가 되었다.

'맹모가 세 번 이사한 것'과 '자식을 가르침에 베를 자른 것'에 대한 이야기의 사실 여부를 떠나서, 이 두 이야기는 고대 중국에서 가정교육을 중시했던 훌륭한 전통을 입증한다. 역사 이래로 자식이 잘 되기를 바라는 부모는 모두 맹자의 어머니를 가정교육의 모범으로 삼았다. 맹자 어머니가 교육환경을 중시하고, 인내심을 가지고 교육했던 방법은 고대 가정교육의 소중한 경험이다. 만약 기회가 있어 맹자의 옛 집을 참관하게 된다면, 맹자 어머니의 가정교육을 기념한 큰 비석(맹자의 어머니가 세 번 이사 한 것과 맹자의 어머니가 베를 자른 것)을 잘 살펴보기 바란다.

## 13. 전직田稷 어머니의 가정교육

전국시기의 제齊나라는 제후 열강 가운데 국력이 매우 강한 대국이었다. 제선왕齊宣王은 집권할 때 전직田稷을 재상으로 등용했는데, 전직은 정치를 함에 청렴결백했다. 사람들은 이러한 그의 공로가 그의 가정교육에서 비롯되었다고 생각하면서 다음과 같은 감동적인 이야기를 전한다.

어느 날 관청에서 수레를 타고 집으로 돌아온 전직은 평소와 같이 가장 먼저 어머니에게 문안인사를 드렸다. 그의 어머니는 자식의 안색과 행동을 보고 그날의 정사 상황을 알아차렸다. 그런데 전직이 어머니에게 문안을 드린 후, 얼굴에 기쁜 표정을 지으며 소맷자락에서 백일百鎰3)을 꺼내어 두 손으로 받쳐 보이며 "어머니에게 효경하고자 합니다"라고 말하는 것이 아닌가.

전직의 어머니는 거금의 금을 보는 순간 의심이 들어 굳은 표정으로 "네가 재상이 된 지 3년으로 봉록이 이렇게 많지 않을 텐데, 임금이 상을 준 것이냐? 아니면 사대부의 뇌물이냐?"라고 물었다. 전·직은 감히 대답을 하지 못했다. 전직의 어머니는 마음속으로 짐작하면서도 "왜 대답하지 못하느

3) 일鎰은 금화를 재는 단위로 24량兩으로 전국시대에 일량—兩은 약 15g에 해당했다.

냐?"라고 준엄하게 물었다.

　재상이 된 전직은 밖에서는 어느 누구도 두려워하지 않았지만, 집에서는 어머니의 엄한 가르침을 몹시 두려워하였다. 그런 그에게 어머니를 속이는 것은 감히 생각할 수도 없는 일이었기에, 어머니에게 사실대로 그 내력을 말했다. 원래는 한 대부가 독직瀆職을 하여 전직에게 선왕 면전에서 몇 마디 좋은 말을 해서 용서를 받을 수 있도록 청했는데, 그 부탁이 해결되자 암암리에 이 금을 전직에게 주었고, 당시 전직은 끝내 거절했지만, 대부가 집요하게 매달렸을 뿐만 아니라 더불어 노모에게 효경하라고 했기 때문에 효자였던 전직은 결국 이것을 받았다는 것이다.

　전직의 어머니는 이 말을 듣고 정색을 하며 "아들아 들거라, 네가 뇌물을 받은 것은 정직하지 않은 것이고 불의를 행한 것이며, 나라에 충성하지 않은 것이자 부모에게는 불효한 것이다. 나는 관리士人는 몸을 수양하고 행동에 청렴결백해야 하며 뇌물을 받아서는 안 된다고 들었다. 또한 일은 정직하게 처리하고 불의의 일은 마음속에 생각해서는 안 되고, 인이 아닌 재물은 집으로 가져와서는 안 되며, 생각과 행동은 일치해야 한다고 들었다. 그러나 네가 뇌물을 받으면 그 사람들을 위해서 일을 해야 한다. 그러다 보면 너는 결국 국가의 법도를 어기게 된다. 이것은 불성실하면서도 예의 또한 저버린 것이다! 지금 임금이 너에게 재상의 자리를 주어 봉록의 후함을 향유하는데, 너의 언행은 임금의 신뢰와 은정에 보답할 수 있겠느냐? 너는 국가의 중신으로 일마다 많은 사람의 모범이 되어 임금을 부모 섬기듯이 하며, 온 마음을 다하여 충성하고 자기의 의무를 다하기 위해 죽음도 마다하지 않는 것을 너의 의무로 삼아야 한다. 또한 임금의 명령과 국가의 법률을 반드시 공정하고 청렴하게 집행해야 한다. 이렇게 해야 재난이 오는 것을 막을 수 있다. 그러나 지금 너의 행동은 충의와는 거리가 너무 멀리 떨어져 있다. 신하가 충성스럽지 못하면 자식으로서 불효하는 것과 같으며, 노모의 명의로 불의의 재물을 받는 것은 부모를 불의에 빠뜨리는 것과 같다. 따라서 너는 충신도 효자도 아니다. 불효한 자식은 나의 아들이 아니다. 당장 집을 나가거라!"고 했다. 말을 마치자마자 전직의 어머니는 지팡이를 짚고 분노하며 방으로 들어갔다.

땅에 엎드린 전직의 얼굴은 이내 창백해졌고, 온몸에서는 식은땀이 줄줄 흘러내렸다. 그는 바늘구멍이라도 있으면 들어가 숨고 싶은 심정이었다. 모친께서 방으로 들어가시기를 기다린 후, 그는 사람에게 수레를 준비하도록 하여 금을 아랫사람에게 바로 돌려주고 밤늦게 돌아왔다. 그 다음날 전직은 곧바로 조정에 가서 제선왕 면전에서 그에게 죄를 주고 재상이라는 직책을 면해줄 것을 간절히 청했다.

선왕은 사람을 보내어 일의 정황을 살피고, 타인에게 모범이 될 만한 전직 어머니의 덕을 칭찬했을 뿐만 아니라, 손수 전직의 집으로 찾아가 전직의 어머니를 만났다. 왕을 수행한 사람들도 그녀를 존경하지 않을 수 없었다. 선왕은 신하들에게 "어진 어머니가 있으면 반드시 어진 신하가 있다. 전직의 어머니가 이처럼 어지니, 어찌 제나라를 다스림에 근심이 있겠느냐?"고 했다. 그는 전직의 어머니 앞에서 전직이 죄를 뉘우친 대범한 품성을 찬양했으며, 전직의 죄를 사면함과 동시에 그의 직책도 회복시켜 주었다. 더불어 손수 전직의 어머니에게 금과 비단을 상으로 주며 그녀에게 경의를 표했다.

　　이때 이후로 전직은 심신을 더욱 수양하고 행동을 청렴하게 해서, 전국시기에 매우 많은 업적을 남긴 명상名相이 되었다.

# 제2장 한汉·위魏·육조六朝 시기의 가정교육

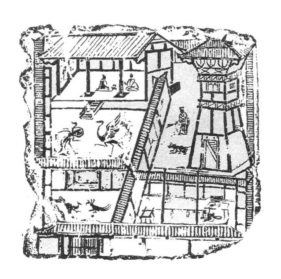

한대漢代의 가택家宅

# 1. 한·위·육조시기 가정교육의 특징

진시황秦始皇이 중국을 통일한 뒤, 새로운 봉건
사회의 역사가 시작되었다. 진秦 왕조는 국운이 짧
았으나 '법으로서 교화하고', '관리를 스승으로 삼
는' 문교정책을 추진했다. 하지만 가정교육에서는
특별한 성과가 없었다.

그러나 한漢 왕조의 건국은 봉건사회의 장기간
의 안정과 더불어 '독존유술獨尊儒術'의 문교정책文
教政策, 과거와 경술經術로 관리를 선출하는 것, 삼
강오륜三綱五倫의 가르침으로 사람들을 통치하는
것, 효도의 가르침으로 가정과 사회의 윤리적 안
정을 도모하는 것 등으로 말미암아 가정교육은 빠
르게 발전했고 점차 그 특색을 갖추게 되었다.

병마용兵馬俑

위진남북조魏晉南北朝시기에는 한대에 형성된 경
학經學을 중심으로 교육내용을 계승·추진한 것
외에, 현학玄學, 불학佛學, 사학史學 및 일부 자연과
학기술 및 생산기술 등도 통치계급과 일부 지식인
의 주장으로 여러 계층의 가정교육 범주에 들어가
게 되었다. 종합해보면, 위진남북조시기에는 전쟁
이 빈번하고 사회가 혼란하여 가정에서의 생활과
가정의 생산기능이 불안했다. 따라서 이 시기의
가정교육은 한대와 비교해보면 그 차이가 매우 컸
다. 특히 '구품중정九品中正'의 관리 선발제도로 부

유한 사족豪門士族의 자손은 태어날 때부터 '삼품
이상上三品'의 높은 관직을 세습할 수 있었지만, 가
난한 사족寒門士族의 자손은 높은 관직上品에 오르
기 어려웠고 평민백성의 자손은 더 힘들었다. 이
로 말미암아 형성된 '독서무용讀書無用'의 관념은
여러 계급과 계층의 가정교육에 침투되어 독서교
육을 점점 쇠퇴시켰다.

한, 위, 육조시대의 가정교육은 융성기에서 쇠
퇴기로 변해갔지만 봉건사회제도와 가정제도의
끊임없는 발전과 완성으로 가정교육의 계급성과
등급성이 더욱 뚜렷해졌다. 이로 인해 황실을 중
심으로 한 귀족 가정교육 및 현직 문관을 대표하
는 대신大臣 가정교육과 하류층에서 생활하는 평
민 가정교육의 가정교육제도가 형성되었다. 이러
한 세 가지 가정교육은 청대 말기까지 계속 이어
지며 발전했다. 이것은 객관적으로 중국 봉건사회
의 정치·도덕·가정 심지어 사회질서 등에 깊은
영향을 주었다.

황실의 가정교육은 주로 황태자를 배양하는 것
으로서, 여기서는 황태자 및 여러 왕의 자식 교육
을 특별히 중시했기에, 이것은 국가정치에 있어서
중요한 업무가 되었다. 황실가족의 가정교육에는
그들만의 특권이 있었다. 그 실행 면에서 첫째, 온
힘을 기울여 전국에 있는 도서를 황실 도서관으로
수집하여 문화를 독차지하고, 이것을 황실의 교재
로 삼았다. 둘째, 일류 학자들을 궁정宮廷의 교사로

삼았다. 셋째, 일련의 궁정교사제도와 체계적인 교학제도를 세웠다.

대신의 가정교육 목적은 그 자손의 덕과 재능을 키워주는 것으로서 교학내용은 주로 관리의 도를 중심으로 삼았다. 따라서 유가경전을 배우는 것을 매우 중시했다. 한대부터 추진한 경술로써 사를 뽑고 관리를 임용하는 정책이 실시된 이래로 경예經藝는 대신 집안의 가정교육에서도 매우 중요했다. 대신 집안의 자제는 어려서부터『예禮』,『악樂』,『시詩』,『서書』,『춘추春秋』,『논어論語』와『효경孝經』등을 배웠는데 이를 가르치던 가정교사는 대부분 당시의 유명한 유학자였다. 그밖에도 일부 대신의 자제는 집을 떠나 스승을 따르거나 부형父兄을 따라 가업을 배우기도 했다.

평민가정의 가정교육은 경제적인 조건과 문화환경의 차이로 구별되었다. 부유한 상인이나 혹은 교육계에 종사하는 문인의 가정에서는 일반적으로 유가의 학술을 배우는 교육을 중시했다. 그들은 자기의 자손들이 '성현聖賢의 책'을 읽어 관리가 되기를 희망했다. 반면에 평민백성의 가정교육은 생활지식과 생산기술을 전수하는 것을 주요내용으로 했다. 도덕교육의 내용은 통치계급이 추진한 봉건강상封建綱常의 교화敎化와 별다른 구별 없이 효제孝悌의 가르침이 주를 이루었다.

## 2. 육가陸賈가 권하는 가정교육

한무제

중국 봉건사회의 황실 가정교육은 진시황 때부터 시작되었다. 예를 들면 태자 부소扶蘇와 진나라 2대 호해胡亥는 모두 유학과 치도治道를 수양했다. 그러나 진정으로 황실 가정교육의 중요성을 인식한 것은 한고조 유방劉邦에서부터 시작되었다.

한고조 유방(기원전 247?∼기원전 195)은 진말 농민봉기군의 힘을 입어 한漢 나라를 건국했다. 그는 황제에 오른 후 유씨 성을 가진 사람이 천하를 다스릴 것이라고 자만했을 뿐만 아니라 유씨 가족의 군사력이 강하기만 하면 국가는 장기간 안정되고 태평할 것이라고 생각했다. 따라서 그는 학문하는 사람을 경시하면서 황제 자손의 교육에 무관심했다.

어느날 유사儒士인 대신大臣 육가陸賈가 황제의 면전에서 『시』·『서』를 말하고 문화와 교육을 중시할 것을 넌지시 비췄다. 유방은 매우 불쾌하여 "천하는 내가 싸워서 얻은 것인데 『시』·『서』는 웬말이냐?"고 말했다. 육가는 화가 잔뜩 난 황제의 얼굴을 보고 "황제께서는 무력으로 천하를 얻었지만, 무력으로 천하를 다스릴 수 있다고 생각하십니까?"라고 간언했다. 또한 "상商의 탕왕湯王과 주周의 무왕武王은 모두 나라를 세운 임금입니다. 그들은 비록 왕위를 찬탈했지만 나라를 올바르게 다스렸습니다. 문무를 겸하는 것이야말로 오랫동안 국가를 안정되게 하는 방법입니다. 역사상 오吳나라 왕 부차夫差, 지백智伯은 모두 무력으로 나라를 다스리다 결국 망했습니다. 진시황은 가혹한 형법만을 주장하고 문교덕치를 하지 않았기 때문에 결국 조고趙高의 손에 망했습니다. 만약 진시황이 무력으로 천하를 점령한 후, 인의仁義의 가르침을 실시하고 선왕을 본보기로 삼아 성인의 가르침에 따랐다면 폐하가 어떻게 천하를 얻을 수 있었겠습니까?"라고 말했다(『사기史記・육가열전陸賈列傳』).

육가의 이 말은 유방을 매우 감동시켜 교육이 천하의 안정과 관계가 있음을 깨닫게 했다. 따라서 그는 자신의 문화교육을 중시하기 시작하여, 육가에게 역대 왕조의 성패 원인을 저술하도록 했다. 그래서 육가는 『신어新語』를 지었고, 이 책을 본 유방은 매우 훌륭하다고 칭찬했다.

유방은 황제 자신이 공부해야 한다는 필요성을 깨달았을 뿐만 아니라, 황태자의 교육 또한 매우 중요함을 깨닫게 되었다. 『고문예古文藝』에는 유방이 태자에게 다음과 같은 말을 한 것으로 기록되어 있다. "내가 혼란한 시대를 만났을 때, 진 왕조는 배우는 것을 금지했다. 나는 그것을 기뻐하며 독서는 무익하다고 생각했다. 그러나 황제가 된 후에야 비로소 독서를 통해 작가의 마음을 제대로 알 수 있었다. 과거의 행위를 돌이켜 봄에 잘못된 것이 많았다." 그는 과거에 자신이 문화교육을 소홀히 했던 것을 상기하면서, 황태자에게 열심히 독서할 것을 훈계했다. 또한 황태자의 글재주가 별로 없다고 비판하면서, 열심히 글 쓸 것을 요구했다. 따라서 그는 손수 태자에게 '부지런히 배우고 익히며, 매번 공부한 것을 자신에게 알리도록(『전한문全漢文1권』)' 요구했는데, 이로부터 우리는 그가 가정교육을 매우 중시했음을 알 수 있다.

## 3. 한漢 문제文帝의 스승에 대한 존경

한병천하漢幷天下: 한나라가 천하를 통일했다고 써 있는 전한前漢시기의 와당瓦當.

한문제 유항劉恒(기원전 202~기원전 157)은 한 고조 유방의 아들로 기원전 180년에서 기원전 157년까지 재위한 중국 역사상 가장 영향력 있는 군주 가운데 한 사람이다.

한고조가 태자의 교육을 중시했기 때문에, 문제는 유가의 학설과 역사 지식에 조예가 깊었다. 그는 즉위한 뒤 현량방정賢良方正하고 바른 말을 할 수 있는 사람을 구한다는 조서를 발표했는데, 바로 이러한 관리들이 나라를 다스리고 덕을 수양하는 자신을 보좌해주길 원했기 때문이다. 후에 낙양의 소년 가의賈誼는 『시』, 『서』에 능통하고 작문에 뛰어나 18세가 되어 한문제에게 박사博士로 발탁되어, 한문제가 늘 자문을 구하는 선생이 되었다.

한초에는 진나라 제도를 계승하여, 박사가 황제

의 정치고문이자 문사文史지식을 가르치는 역할을
모두 담당했다. 한문제는 많은 박사를 두었는데
어떤 박사는 이미 나이가 환갑이 넘었고 지식 또
한 매우 깊었다. 한문제는 박사를 존경했을 뿐만
아니라, 재능, 지식, 덕행 등에 근거하여 박사를 임
용했다. 이때 연령이 많고 적음은 중요한 조건이
아니었다. 문제는 박사관이 된 가의에게 허심탄회
하게 가르침을 구했으며, 가의의 좋은 의견을 많
이 채택하여 국가를 다스리는데 좋은 성과를 얻었
다. 따라서 문제는 일년 사이에 가의를 파격적으
로 태중대부太中大夫로 승격시키며 존경했다. 이때
부터 한문제와 가의는 서로 그림자처럼 붙어 다녔
고, 서로에 대한 신의가 매우 깊어졌다. 한문제는
가의가 재능을 충분히 발휘하도록 하기 위해, 그
를 공경대신公卿大臣으로 승격시키려고 했지만 신
하들이 반대했다. 그러자 한문제는 어쩔 수 없이
가의를 잠시 장사長沙왕에게 보내 태부太傅로 있게
했다.

가의가 떠난 후 한문제는 그를 매우 그리워했
다. 일년 뒤 그를 다시 궁으로 불러들여, 두 사람
은 흉금을 터놓고 밤늦도록 이야기했다. 한문제는
매우 감개무량하여 "오랫동안 그대를 보지 못한
나는 학문적으로 그대를 능가할 수 있을 것이라고
생각했소. 그러나 오늘 얘기를 나누다 보니 아직
도 그대를 따라가려면 멀었소!"라고 말했다. 얼마
지나지 않아 한문제는 그를 양회왕梁怀王의 태부로

임명했다. 양회왕은 어려서부터 총명하여 배움을 즐겼기 때문에 문제의 사랑을 받았던 아들이었다. 문제는 그가 태자가 되기를 희망했다. 그래서 가장 존경하는 가의에게 양회왕의 교사를 부탁한 것이다.

가의는 책임이 매우 중대함을 알아 양회왕을 성심성의껏 가르쳤다. 이때부터 양회왕의 학문은 나날이 진보되었는데, 이것은 문제를 매우 기쁘게 했다. 그러나 안타깝게도 몇 년 후 양회왕은 말을 타다 떨어져 갑자기 죽게 되었다. 가의는 스스로 문제의 부탁을 저버렸다고 생각하여 매우 상심하며 우울해했다. 그러나 한문제는 이 일 때문에 그와 소원하게 지내지 않고, 그를 여전히 학문과 재능이 뛰어난 선생으로 존경했다. 더불어 제후 세력을 약화시켜 중앙집권을 공고히 하자는 그의 건의를 받아들였다. 그 후 얼마 지나지 않아 가의가 젊은 나이에 죽자 한문제는 가의야말로 얻기 힘든 스승이라고 회고하며 그를 그리워했다.

한문제가 이처럼 가의를 존경한 것은 가의의 재능과 지식이 박학하고 한문제에게 많은 도움을 준 것과 깊은 관계가 있다. 가의는 황실의 가정교사로서 실제로 매우 훌륭한 경험을 갖고 있었을 뿐만 아니라 한문제를 위해 황실 가정교육의 중요성에 대하여 많은 제안을 했기 때문이다. 그는 하夏나라는 10여 대, 은나라는 20여 대, 주나라는 30여 대로 왕조가 이어졌지만 진왕조는 2대도 채우지

중국의 전통 가정교육

못하고 멸망했다고 했다. 사람의 본성은 모두 비슷한데 하, 상, 주 "삼대의 왕은 모두 다스리는 도가 있었지만 진나라에는 나라를 다스리는 도가 없었기 때문이다(『가의집·진정사소陣政事疏』)"라고 했다. 그 근본 원인은 삼대의 왕이 가정교육을 중시했을 뿐만 아니라 태자가 갓난 아기였을 때부터 가정교육을 시작했기 때문이라고 했다. 가의는 한문제에게 황태자의 교육은 태교부터 시작해야 한다고 충고하고, 장성한 후에는 사師, 부傅, 보保라는 스승을 모시고 과외지도를 받아야 한다고 했다. 바로 이렇게 해야만 국운이 장기간 지속되고, 그렇지 않으면 진나라가 멸망한 전철을 다시 밟게 된다고 충고했다.

한문제는 가의의 이러한 충고를 허심탄회하게 받아들여 채택했을 뿐만 아니라 가정교육제도 또한 설립했다. 한문제 이후, 한 황실의 가정교육은 끊임없이 강화되어 서주시대의 사師, 부傅, 보保 삼공삼소三公三少[4]의 직업이 회복되었을 뿐만 아니라, 후에 황실의 가정교육을 제후들에게까지 보급하며 종사宗師를 설치했다.

한무제가 동중서의 '독존유술獨尊儒術'건의를 채택한 후, 한 황실의 가정교육은 주로 유가경전을 중심으로 이루어졌으며, 당시의 대학자를 궁으로 초빙하여 황태자 및 모든 왕자에게 경학을 가르치도록 했다. 예를 들면 동중서董仲舒, 공손홍公孫弘, 하후성夏侯胜, 장우張禹, 환담桓譚 등의 경학대사經學

4) 주대의 태사太師, 태부太傅, 태보太保, 서한의 대사마大司馬, 대사도大司徒, 대사공大司空 동한의 태위太尉, 사도司徒, 사공司空을 말한다.

大師는 모두 황태자 혹은 황제의 교사로 초빙된 사람들이다. 동한 때 가정 학습의 시조인 환영桓榮은 그의 아들 환욱桓郁 및 손자 환언桓焉에 이르기까지 삼대에 걸쳐 한나라 명제明帝부터 장제章帝, 안제安帝, 순제順帝에 이르는 황제들을 가르쳤다. 한 명제漢明帝는 경학에 대한 조예가 깊어 친히 강당講堂에 참석하여 황태자 및 모든 왕들에게 경經을 가르쳤다. 한장제漢章帝는 경학 역사상 잘 알려진 백호관회의白虎觀會議를 친히 주최하여 고문경학古文經學과 금문경학今文經學의 차이를 토론했다. 이처럼, 한대 황실의 가정교육이 이룩한 업적은 한 문제가 스승을 존경하고 가르침을 중시한 가풍과 관련이 깊다.

서한시대의 화폐
소반양동전小半兩銅錢

## 4. 한황실의 여성교육

한대 황실의 가정교육에서는 황태자와 왕자 이외에 황후, 공주 등과 같은 여성들에게도 교육이 행하여진 예를 발견할 수 있다. 한대 황실에서 여성교육을 실시한 이러한 선례는 중국 봉건사회의 황실 여성교육제도 형성에 중대한 영향을 미쳤다.

『후한서后漢書·등태후기鄧太后紀』를 보면, 등태후 등수鄧綏는 바로 동한 화제和帝 유조劉肇의 황후다. 그녀는 여섯 살에 역사서를 읽을 수 있었고, 열두 살에 『시』, 『논어』에 통달하여 가족들이 '제생諸生[즉 태학생이라는 뜻]'이라고 불렀다고 전한다. 영원永元년간에 그녀는 황궁에 귀비貴妃로 들어가 조대가曹大家로부터 경서經書를 교육받았으며 천문, 산술도 공부했다. 후에 그녀는 황후가 되어 17년간이나 조정에 머물렀다. 등태후가 조정에 있을 때 유학은 그다지 중시를 받지 못했다. 상서尙書라는 관직에 있었던 번준樊准은 「유학 홍성에 관해 등태후에게 드리는 상소문」이라는 글에서 '유학을 숭상할 것'을 건의했다. 그리고 황제가 강습하는 때를 기다려, 공경公卿에게 좋은 경전과 과거의 유가 자손을 추천하여, 작위를 주고 그 업적에 종사하도록 했다. 그는 가의의 "임금이 배우지 않으면 안된다"는 명언으로 등태후에게 권고하여 황실의 가정교육을 중시해서 이것으로써 '선왕의 업적을 따르는 도리'로 삼도록 했다. 등태후는 번준의 건의를 신중하게 채택하여 화제의 동생 제북濟北, 하간河間 왕자와 5세 이상의 소년, 소녀 40여 명 및 등태후의 친척 자손 30여 명을 조정으로 불러 그들을 위해 학당學堂을 설립하고 경서를 강의하도록 명령했다. 더불어 등태후가 친히 시험을 감독하고 교육하여, 이들에 대한 등태후의 은총이 매우 컸다. 그녀는 황실자손에게는 어려서부터 사보師保를 두도록 했으며, 황태자의 보부保傅의 법을 따르도록 했다. 특히 황실 자손을 보살피는 데 교사는 일정한 문화수양이 있어야 하므로 등태후는 중궁中宮의 태감太監에서부터 낙양洛陽의 황궁皇宮 도서

동한東漢의 음식을 만들고, 음식을 준비하는 도기 인형. 당시 귀족들 밑에는 수백에서 수천에 이르는 노비와 소농이 있었다. 이 도기 인형은 당시 귀족 집안에서 일하던 노비들의 모습을 사실 그대로 잘 보여준다.

관 즉 동관東觀에 이르기까지 "경전을 읽어 이로써 궁전의 사람들을 가르쳐라"고 명령했다(『후한서后漢書·등태후기鄧太后紀』).

동한東漢 화제和帝 때에는 황실의 여성교육을 중시하여 등태후는 학교 건립을 강화했다. 이것은 황실의 가정교육 사상 하나의 선례일 뿐만 아니라 중국 여성교육사에 길이 남을 커다란 사건이다. 반소班昭의 『여계女誡』는 여성 가정교육의 대표작이라고 말할 수 있다. 반소가 설명한 여성교육의 목적, 내용과 방법 등은 봉건시대 황실가정의 종법윤리적 정치요구에 부합되어, 역사 이래로 통치자의 특별한 중시를 받았다.

반소의 자는 혜반惠班이고 이름은 희姬이다. 그녀는 반표班彪의 딸이며 반고班固, 반초班超의 동생으로 사학자의 집안에서 출생했다. 그녀의 오빠 반고가 『한서漢書』의 「팔표八表」 및 「천문지天文志」를 완성하지 못하고 죽자, 반소가 그 나머지를 완성했다. 반소는 학문이 박식하고 재야의 일을 모두 알고 있어, 화제가 몇 번이나 그녀를 궁으로 불러들여 황후와 모든 귀비들에게 독서하는 것을 가르치도록 했고, 그래서 그녀를 '조대가曹大家'라고도 불렀다. 당시의 등鄧 귀비貴妃 즉 훗날 등태후가 바로 그녀의 학생이다. 그녀는 교학활동으로 유가

의 강상명교를 설명한 『여계』 등을 저술하여 황
실 여성교육의 교재로 삼았다.

『여계』에서 설명한 주요내용은 '삼종사덕三從四
德이 어떻게 여성에게 적합한 것인가?'에 대한 것
으로 모두 7장으로 구성되어 있다.

제1장에서는 '비약卑弱' 즉 남존여비의 합리성과
어떻게 '부드러움으로 사람을 다스리는가?'를 말
하고 있다. 반소는 여성은 '겸손하고 공경해야 하
며', '굴욕을 참을 줄 알아야 하며', '부드러움으로
사람을 다스려야 한다'고 주장했다. '늦게 자고 일
찍 일어나는 것을 두려워하지 말고', '남편을 잘
섬겨야 한다'고 했으며, 얼굴은 단정하게 하고 아
비를 주인으로 섬기고, 집안의 대를 잇는 것 등은
모두 여성들의 '마땅한 도리'로서 예법의 '가장 기
본적인 가르침'이라고 생각했다.

제2장에서는 '부부의 도'를 말하고 있다. 반소는
남편이 아내를 잘 다스려야 비로소 남자의 위엄을
드러내는 것이라고 생각했다. 아내가 남편을 봉양
하는 것은 마땅히 해야 하는 것이다. 만약 아내가
남편을 섬기지 않으면 이치가 땅에 떨어지는 것이
며, 예의가 존재하지 않는 것이다. 따라서 가정교
육에서는 여성이 덕을 중시하도록 가르쳤고, 예교
를 가장 중시해야 한다고 주장했다.

제3장에서는 '경신敬愼'에 대해 말하고 있다. 즉
어떻게 성정性情을 수양할 것인가를 말한 것이다.

반소는 "양은 강한 것을 덕으로 삼고, 음은 부드러움을 아름다움으로 삼는다. 즉 남자는 강한 것을 귀한 것으로 여기고 여성은 부드러운 것을 아름다움으로 삼아야 한다"고 말했다. 여성이 '아름다움'에 이르려면 수신修身에 힘써야 한다. 수신의 가장 좋은 방법은 '경순敬順'이다. '경순'은 집안에서는 항상 남편에게 순종하고, 시비곡직是非曲直은 모두 남편의 판단에 따라야 하는 것으로서 이것은 모두 부부관계의 조화를 행위목적으로 삼는다.

제4장에서는 '부행婦行' 즉 여인의 네 가지 행위 도덕인 '부덕婦德, 부언婦言, 부용婦容, 부공婦功'에 대해 말하고 있다. 여기서 부덕이라는 것은 '재능이 뛰어나 남다른 것才明絕异'이 아니라 '품위 있는 정조, 다소곳하게 수절을 하고, 스스로 행함에 부끄러움을 알고 행동에 법도가 있어야 한다'는 것을 의미한다. 즉 부언은 '말을 잘 하는 것을 가리키는 것이 아니라' 말을 할 때는 분수를 지켜 다른 사람에게 피해를 주는 '나쁜 말'은 하지 않고, 말을 많이 하지 않아 남으로 하여금 미움을 사지 않는 것이다. 부용은 '얼굴이 아름다운 것'을 가리키는 것이 아니라 의복을 정결하게 입어 '신체가 욕되지 않게 하는 것'이다. 부공은 '일 솜씨가 뛰어난 것'이 아니라 수다떠는 것을 좋아하지 않고 정성들여 베를 짜고, 술과 음식을 정결히 하여 손님을 반갑게 맞이하는 것이다. 반소는 이러한 네 가지 덕행이 여인의 '대덕大德'이라고 생각했다.

제5장에서 말하는 '전심專心'은 즉 남편에 대해 일편단심 해야지 남편에게 다른 마음을 가져서는 안 된다는 것이며, 남편이 첩을 두는 것에 대해 그 어떤 불평도 품지 말라는 것이다. 왜냐하면 아비는 다시 아내를 맞아들일 수 있으나, 아내는 두 번 시집갈 수 없기 때문이다. 여자는 반드시 엄숙한 태도를 지니도록 힘써야 한다. 만약 남편이 첩을 둔 뒤 아내의 행동이 경망스러워 집에 들어와서는 몸치장을 안 하면서, 외출 시에는 온갖 애교를 부리는 태도는 예교에 어긋나는 것이다.

제6장에서 말하는 '곡종曲從'은 바로 며느리로서 자신을 굽혀 남을 따르는 것으로 시부모님 앞에서는 어떤 말이나 계획도 모두 받아들이고, 명령에는 다소곳하게 복종해야 한다는 것이다.

제7장에서는 '시누이와 화합하는 것'으로 동서와의 관계를 어떻게 잘 유지하는 지를 말하고 있다. 또한 같은 항렬의 사람들에게는 겸손하게 대하고, 다른 사람에게는 관심을 기울이는 것이다.

『여계』는 봉건예교의 산물이다. 그것은 황실의 가정교육 교재로 청대까지 계속 사용되었으며, 많은 사람이 천여 년간 이것에 주석을 하고 백화문으로 직해했다. 이것은 바로 『여계』의 사회적 영향이 매우 컸음을 말해준다.

## 5. 동궁東宮 태자太子교육의 강화

위진 남북조시기는 정치적으로 혼란하여 '대가
장大家長' 즉 황제가 자주 바뀌었다. 이로 인해 황
실의 가정교육도 학교교육과 마찬가지로 시대에
따라 흥망성쇠를 함께 했다. 그러나 황제의 자리
를 대대로 계승하기 위해서는 황태자의 교육이 중
요하지 않을 수 없었다. 그러므로 비록 이 시기에
모든 황실 가정교육이 미미했을지라도 황태자의
교육은 오히려 강화되었다.

삼국시기, 위나라는 황제교육을 가장
중시해서 보부保傅의 직업을 계승했고,
더불어 첨사제관詹事諸官을 설립했다. 조
조曹操는 위대한 정치가이자 군사가인
동시에 문단에서도 유명한 대시인이었
다. 그가 가정교육을 중시했기 때문에
그의 아들 조식曹植, 조비曹丕도 문학창
작에 커다란 업적을 이루었다. 오吳나라

도원락陶院落: 삼국三國시기 오吳나라의
건축양식을 모방한 부장품

손권孫權은 즉위 초에 사우四友의 관官을
설치해서 태자의 교육을 돕고 '동궁다사東宮多士'
라 불렀다. 동시에 태자서자太子庶子, 중서자中庶子
를 설치하여 태자의 교육을 도왔다. 촉蜀나라에서
도 태자서자, 중서자와 태자세마太子洗馬를 설치하
여 동궁사의東宮事宜를 관리하며 태자를 교육하도
록 했다.

위진 남북조시기에는 동궁東宮의 관직으로 예를 들면 태자첨사太子詹事, 승丞, 중서자中庶子, 서자庶子, 중사인中舍人, 좌우솔左右率, 솔령率令과 전병이부典兵二傅 등이 있었는데, 이들은 태자를 지도하는 교사가 되었고, 이러한 관직은 점점 세분화되었다. 북위 때, 태자태사太子太師, 태자태보太子太保, 태자태부太子太傅를 만들어 '동궁삼사東宮三師'라고 불렀다. 또한 태자소사太子少師, 태자소보太子少保, 태자소부太子少傅는 '동궁삼소東宮三少'라고 불렀다. 이전에 '삼공삼소三公三少'는 대부분 황제를 위해 일했다. 그러나 남북조시기에 동궁東宮의 교직敎職이 많아짐에 따라 '삼공삼소'의 직책은 주로 황제를 보필하는 것에서 동궁태자를 교육하고 동궁의 관리들을 관리하는 것으로 바뀌었다. 더불어 비교적 완전한 동궁태자 교관제도가 조금씩 형성되었다.

동궁태자교육이 강화됨에 따라 황실 가정교육에서의 예의도 중시되었다. 예를 들면 진무제晉武帝 태시5년泰始[269]에 태자에게 태부소부太傅少傅의 예를 행하도록 조서를 내리고 태자로 하여금 제자가 스승을 섬기는弟子事師 예의를 갖추도록 요구하여 사부를 존경하도록 했다. 진명제晉明帝 태영3년太寧[326]에는 황자를 황태자로 삼아 조정에서 태자가 사부와 함께 상견례를 하도록 명령했으며, 한漢·위魏 이래로 시행되어왔던 사부가 태자 앞에서 스스로 신하라고 부르는 과거의 의례를 폐지

했다. 후에 진성제晉成帝가 스승의 가르침을 존경하고 태자는 사부를 존경하도록 명문으로 규정했는데, 이것은 사부의 덕을 존경하기 위한 것으로 '조상들이 물려준 모범을 영원히 존중하도록 하기 위함'이었다.

위진 남북조시기에는 동궁태자의 교육을 강화하기 위해 태자가 출가하여 강학할 때 성대한 석전례釋奠禮를 거행했다. 이것은 모두 황제가 황제와 황실가족의 교육을 중시했음을 나타낸 것이다. 황제는 친히 예를 행하는 날에 삼공三公, 구경九卿, 제후諸侯, 대부大夫 등을 거느리고 의식에 참가했다. 그 분위기는 장중하고 엄숙하여 종교적인 색채가 농후했는데 이것은 황제가 태자교육을 국가 정치의 첫 번째 대사로 여겼음을 의미한다.

## 6. 경학經學을 숭상하는 가정교육

중국 고대의 통치자는 관리들의 소질을 배양하기 위해 학교를 설립하여 '국자國子'를 훈련하고 배양하는 것 외에 관리집안의 자손교육을 중시했다. 서주시기 국학은 귀족자제를 위해 개설되었으며 관부에서 가르쳤다. 당시, 귀족자제들이 배운 것은 모두 '예, 악, 사, 어, 서, 수' 육예에 지나지 않았다. 그러나 국가에 순종할 수 있는 관리를 배양하기 위해서 '환학사사宦學事師'제도를 채택했다.

이러한 제도의 성격과 형식은 '정교합일政敎合一'로 배움을 추구하는 자는 관리가 된 후에 관부에서 배웠는데, 이것은 관리의 일을 하면서 배우는 것으로 경험이 풍부한 관리에게서 관리의 도를 배우는 것이다. 춘추전국시기 '정교분리政敎分離'는 사학私學 교육이 '정치를 위한 사士'를 배양하도록 했기 때문에 관리의 교육은 그 혜택이 민간에까지 미쳤다. 진秦나라 때에는 사학을 금지하여 관리를 배양하고 훈련하는 민간사학도 조정에 귀속되어 '법을 교육으로 삼고', '관리를 스승으로 삼는' 이 사제도吏師制度를 널리 추진했다. 한대에는 문교文敎가 매우 발전하고 국가교육이 홍성하여 사학을 제창하는 동시에 '관리가 스승을 섬기는 것을 배우는' 전통도 남아 있었다. 예를 들면 왕충은 『논형論衡‧정재程材』에서 "문관은 조정의 사람이다. 어려서부터 관리가 되기 위해서는 조정을 전담으로 삼고 문서를 작성하는 사람刀筆을 쟁기로 삼고 문서를 농업으로 삼아야 한다"고 했다. 관부에서는 관리의 일에 익숙한 '학동學僮'을 주로 채용했다. 따라서 일부 사士의 가정교육은 "관리가 되고 싶으면, 관리를 모델로 삼아야 한다"고 했다.[5] 일반적으로 한대의 환학宦學은 문무로 구분되어 있었는데 무는 무예를 익히고 장병의 도를 배우는 것을 주요내용으로 했으며, 문은 '사서史書'를 배우고 유가의 경전과 법령法令을 명확하게 배우는 것 및 관리가 되기 위한 도 등을 주된 내용으로 했다.

5) 여사면呂思勉: 『진한사秦漢史』, 743쪽, 상해고적출판사上海古籍出版社, 1983년판年版.

한대부터 '독존유술'과 경술로서 관리를 뽑는 정책을 실시한 후, 관리가 된 집안의 가정교육은 잡가의 학설을 버리고 경학을 숭상했다. 이러한 특징은 당시 사학교육의 영향과 관계가 깊다.

한대에 관리가 된 집안에서의 가정교육은 대체로 초급, 중급, 고급의 세 단계로 나뉘어졌다. 초등 정도의 교육은 계몽교육으로 주로 '가관家館'에서 이루어졌다. 가관은 후대의 사숙私塾과 비슷한 것으로써 관리가 된 집안(또는 부유한 가문)에서 세운 것으로 서사書師를 집으로 초빙하여 학교에 들어가는 아동을 가르쳤다. 학습 내용은 주로『창힐蒼頡』,『범장凡將』,『급취急就』,『원상元尙』등과 같은 책을 중심으로 글자를 익히고 배웠다. 그밖에도『구장산술九章算術』을 겸해서 배웠다. 중등 정도는 경서를 암송하는 것이다. 경서라는 것은 유가의 경전 저작이다. 한대에 주로 학습한 경전에는『효경孝經』,『논어論語』,『역易』,『상서尙書』,『시詩』등이 있다. 고대의 교재는 이렇게 오늘날의 교과서처럼 여러 과목으로 나누어진 것이 아니라 책 한 권이 바로 교재였다. 이 중에 경서의 내용을 몇 개로 나누어 구분했는데, 이것은 교학의 진도를 파악하는데 편리하도록 단원별로 교육과정을 구성한 것이다. 이렇게 구분된 것들은 습관적으로 장章이라고 불렀으며 장은 그 순서가 편編으로 구분되었다. 예를 들면『논어』는「학이제일學而第一」, 「위정제이爲政第二」등으로 구분되었다. 장은 비교

적 큰 단원이다. 따라서 장은 또 세밀하게 나누어
지는데 이것이 바로 '구句'라는 단위가 된다. 구는
한 구가 완전한 문장으로 하나의 완전한 일이나
도리를 강의한 것이다. 유가의 경전은 교학의 필
요에 의해 장구를 구분했다. 따라서 중등 정도의
교학은 주로 장구章句 교학이었다. 장구 교학의 목
적은 학생에게 '문장의 뜻을 대략적으로 알게 하
거나' 또는 '문장의 뜻을 대략적으로 통하게 하는
것'으로 '송독誦讀[소리 내어 읽는 것]'이 그 주요 형식
이다. 고대의 송독은 단순히 계속 읽는 것만이 아
니라 장구의 대의를 진술할 수 있어야 하고 더불
어 능숙하게 암기하는 수준에 이르러야 했다. 이
처럼 죽은 암기식 교학 원칙은 바로 이 단계의 주
요한 교학 방법이었다. 고급 단계의 학습은 전문
적으로 경을 연구하고 배우는 것이다. 전문적으로
경을 연구하고 배우는 분위기는 한대에 매우 유행
했는데, 당시 "자식에게 황금을 남겨 주는 것은 자
식에게 경 하나를 가르치는 것만 못하다"라는 말
이 있을 정도였다. 왜냐하면 경 하나에만 정통하
면 높은 관직에 올라 후한 봉록을 받을 수 있었기
때문이다. 물론 경 하나에 정통하는 것은 결코 쉬
운 일이 아니다. 당시에는 독서인이 많아서 유가
경전의 자구 해석에 대하여 모두 서로 다른 견해
를 가지고 있었기 때문에 많은 '사법師法'과 '가법
家法'이 형성됐다. 그밖에 금문今文과 고문古文에 대
한 경학 논쟁이 있었다. 따라서 가정교육에서 경

하나에 정통하게 하기 위해서 경학에 대해 매우 조예가 깊은 사람을 스승으로 초빙해야 했다. 만약 경학대사를 청하지 못하면 스스로 집을 떠나 유명한 선생을 찾아가 배워야 했다. 한대에는 대학자가 매우 많았다. 일반적으로 관리의 집에서는 소수학생을 대상으로 하는 가정교사가 있었는데, 이들은 독립적으로 '정사精舍'를 세워 아이들을 가르치기도 하였다. 그래서 문하생이 수천 명에서 많게는 수만 명에 이르렀다. 예를 들면 동한의 유명한 유가 장패張霸의 아들 장해張楷는 『엄씨춘추嚴氏春秋』와 『고문상서古文尚書』에 정통해서 문하생이 항상 천여 명이었고 학생이 많이 모일 때에는 길거리가 온통 수레로 가득했다. 그의 학생 대부분은 배움을 구하고자 하는 관리 집안의 자제였다.

종합해보면, 한대 관리 집안의 가정교육은 상당히 발전했다고 볼 수 있다. 그것은 가정교육이 관리가 되는 동력으로 작용했기 때문이다. 왜냐하면 가정교육의 강화가 장차 관리가 되는 길을 보장했기 때문이다. 또한 다른 측면에서 보면, 한대에 국가에서 추진한 학술은 사士를 선발하던 제도와 관련되어 한대 관리 집안의 가정교육이 더욱 발전하였다.

중국의 전통 가정교육

## 7. 상류 관리집안에서 전하는 가정교육

중국 봉건사회에서 관리를 역임했던 집안은 평소 '학자집안'이라고 불렸다. 설령 이들이 관리를 역임하지 못하게 되어도 이들은 사士의 품위를 잃지 않았다. 높은 관직의 후한 봉록과 입신출세를 막론하고 각 집안에는 과거부터 대대로 내려오는 가정교육이 있었다. 무관의 집안에는 무예에 탁월한 사람이 많았는데, 어떤 사람은 무예방면에서 독특한 하나의 계통을 만들거나 남다른 재능을 지니고 있었다. 그러나 이러한 것들은 다른 사람들에게 함부로 전수하지 않았다. 왜냐하면 이것은 자기 집안의 후손이 입신하고 출세하는데 바탕이 되었기 때문이다. 이와 마찬가지로 한대 이래로 문관의 집안에서도 경 하나에 정통하거나 문학, 사학, 천문, 역산, 의학 등 어느 한 방면에 뛰어난 재능이 있으면, 그에 관련된 것들은 바로 '가문의 보배'가 되어 대대로 전해졌다.

한대에는 이러한 사례가 매우 많았다. 예를 들면 적포翟酺는 사대에 걸쳐 『시詩』를 전했다. 양진楊震은 아버지 양보楊寶로부터 『구양상서歐陽尙書』를 배웠으며, 그의 아들 양병楊秉, 양사楊賜는 모두 '어린 나이에 가학을 전수 받고', '어린 나이에 부업父業을 이어 받았다'[6]고 한다. 일찍이 광무제光武

6) 『고대가서선古代家書選 · 계자흠서戒子歆書, 이강출판사漓江出版社, 1984년판年版.

帝의 경사經師였던 환영桓榮은 『상서』에 정통하여 후에 관내후關內侯로 봉해졌다. 그의 아들 환욱桓郁도 가학을 이어 동한의 안제安帝에게 『상서』를 가르쳤는데, 세 번 이사를 갈 때마다 그를 시중하는 교위校尉가 있었을 정도로 대우를 받았다. 후에 태자태사가 된 환언桓焉은 환욱의 아들로 『상서』로 한순제順帝를 가르쳐 양평후楊平侯로 봉해졌으며, 그 직위가 대홍려大鴻臚, 태상太常에까지 이르렀다. 환씨 삼대는 대대로 전해지는 『상서』라는 가학으로 남다른 재능을 가지고 한명제明帝, 장제章帝, 안제安帝, 순제 사대에 걸친 조정황제의 국사가 되었으며 공경公卿에까지 이르렀다. 예를 들면 사학가 사마천司馬遷은 가학을 계승해서 조정의 사관이 되었다. 반표班彪의 아들 반고班固 및 반고의 여동생 반소班昭는 모두 아버지의 가학을 전수했으며 이들 역시 사관이 되었다. 과학기술 방면에서 예를 들면 유흠劉歆은 가학을 계승하여 어렸을 때부터 "수학에 대해 연구하지 않은 것이 없었는데"[7] 중국에서 맨 처음으로 원주율을 연구한 사람이다. 유흠의 아버지 유향은 서한西漢시기에 유명한 경학가이자 목록학자로서 산술에 조예가 깊었다. 그의 저서로는 『신서新序』, 『설원說苑』, 『오경통의五經通義』, 『홍범오행전론洪範五行傳論』 등이 있으며, 관직은 광록대부光祿大夫에까지 이르렀다. 유흠은 어려서 아버지에게 배우고 부친과 함께 황제의 명을 받아 비서秘書를 교감했으며 유가경전儒家經典, 제

7) 『고대가서선古代家書選 · 계자흠서戒子歆書』, 리강출판사漓江出版社, 1984년판年版.

자백가諸子百家, 시가詩歌, 문부文賦, 천문지리天文地理, 수학 방면 등에 관한 것을 두루 섭렵했다. 후에 부업을 계승하여 교서校書임무를 마치고 중국 최초의 도서 분류목록인 『칠략七略』을 저술했다. 동시에 그는 부업을 계승하여 고문경학 방면에서 새로운 길을 열어 한대의 경학연구를 심화시켰다. 후에 유흠의 관직은 국사國師에까지 이르러 상공上公이 되었다. 위에서 서술한 여러 가지 예를 통해 보면 한대의 관리집안에서 가학교육을 매우 중시했음을 알 수 있다.

위진남북조시기에 이르러 경학은 현학의 유행과 국가에서 관리를 뽑기 위해 실행한 구품중정제九品中正制로 관리집안의 가정교육내용에서 그 지위가 흔들리게 되었다. 사족호문士族豪門의 자제는 집안의 세력만으로도 관리가 될 수 있었지만 그렇다하여 관리 집안에서 가학이 불필요하다는 것은 아니었다. 정반대로 위진남북조시기에는 학교교육이 때로는 흥하기도 하고, 때로는 폐하기도 했다. 관리집안에서는 사족士族의 세습을 유지하기 위해 어쩔 수 없이 가정교육을 강화하지 않을 수 없었다. 따라서 이 시기의 가정교육은 이미 한대에 유가경전만을 중시한 것과는 크게 달랐을 뿐만 아니라 노장老莊, 현학玄學, 사학史學, 천문天文, 산술算術 등도 널리 유행했다. 예를 들면 사족호문 집안에서는 현학을 숭상하여 현학은 점점 관료의 가학이 되었다. 당시, 문학이 흥성하여 관리집안의 가정교육에서 시가와 문무를 중시하였다. 또한 사회에서 심미의식이 흥성하기 시작하여 붓글씨는 심미예술로 관리집안의 가정교육 가운데 중요한 위치를 차지했다. 예를 들면 동진東晉의 왕희지王羲之는 서법書法을 집대성하여 서성書聖으로 불렸다. 그의 아들 왕헌지王獻之는 어려서부터 그를 따라 붓글씨를 배웠으며 조예 또한 깊어 소성小聖이라고 불렸다. 또 예를 들면 송나라의 왕회지王淮之는 남조의 오래된 당안 자료를 청상青箱에 밀봉하여 대대로 전했는데, 세상 사람들은 이것을 '왕씨청상학王氏青箱學'이라고 불렀다. 왕씨 가족은 조정의 예의제도를 숙지하여 이것으로 가학을 삼았으며 자손 모두 큰 관리가 되었다. 『남제서南齊書·양정전良政傳』에는 "부염傅琰 부자는 저술과 업적이 모두 탁월하여 강좌江左 지방에서 보기 드물다. 세상 사람들은 그들에게 『치현보治縣譜』가 있어 자신들의 후손에게 전하면서 사람들에게는 보여주지 않는다"고 기록되어 있다. 관리에게는 관리만의 도가 있어야 했기에, 대대로 관리가 된 가정과 가족들은 풍부한 경험을 축적해 나갔다. 이러한 것이 이론으로 정립되면 바로 한 가문의 '학문'이 되었고 관리집안은 이러한 학문을 중요한 비밀로 여겼다. 중국 고대 관리 집안은 이러한 가학을 매우 중시하여 관리가 되면 어떻게 사람을 다루고, 어떻게 나쁜 일을 피하며, 어떻게 아첨하고, 어떻게 동

왕희지王羲之의 글씨

료, 상사와 좋은 관계를 유지할 것인가에 관한 관리가 되는 기교를 중시했다. 그래서 많은 관리집안에서는 이러한 것을 깊이 연구하여 대대로 전수했는데, 이는 가치가 매우 컸다.

종합해보면 관리 집안에서 가정교육의 핵심은 관리에 대한 방법들을 전수하는 것이었다. 이것은 전반적으로 문화와 학술을 교학내용으로 했지만 그 목적은 학술자체의 발전보다 자신들의 승진에 있었다.


## 8. 한·위·육조시기의 가서家書

한·위·육조시대 관리 집안의 가정교육은 그 형식이 다양했다. 그 중에서 당시 유행했던 방식은 가서家書를 통한 교육 방법이었다. 가서란 즉 가신家信으로 두보杜甫는 일찍이 "집에서 보내온 편지는 만금萬金에 해당한다"고 말했다. 그 자제를 편지로 가르치고 훈계하는 것은 한나라 이후 중국 고대 관리 집안의 가정교육 전통으로 오늘날까지 이어지고 있다. 가서의 특징은 부자지간의 감정이 뚜렷하고 글자마다 진심이 충만하다는 것이다. 이러한 교육방법은 자식을 정으로 감동시켜 그 도리를 깨닫게 한 것으로 교육적 감화가 매우 컸다.

한대의 유명한 신하 중에는 편지로 자녀를 일깨운 사람이 많다. 예를 들어 유향은 일찍이 뜻을 품은 아들 유흠을 위해 『계자흠서戒子歆書』를 썼는데 편지는 모두 아들을 일깨우는 세상을 살아가는 처세술로서 '일을 조심스럽게 하고', '제후를 업신여기지 말며', 선인의 교훈을 마음 깊이 새기도록 가르쳤다. '남을 해하고자 하는 자는 문 앞에 있고 도우려고 하는 사람은 마을 어귀에 있다'고 했다. 또한 '기쁨이 다하면 슬픔이 와서 스스로 화를 자초하니 일을 경망스럽게 하지 말라'고 했다.

동한의 명장 마원馬援이 멀리 교지交趾[지금의 월남북부]에서 임무를 수행하고 있을 때, 그는 형의 아들인 마엄馬嚴과 마돈馬敦이 다른 사람을 비난하기 좋아하고, 협객과 교류한다는 것을 알고 걱정했다. 그래서 급히 가서家書를 써서 훈계했다. "네가 다른 사람의 과실을 듣는 것은 부모의 이름을 듣는 것과 같기에 귀로만 듣고 입으로 말해서는 안 된다. 다른 사람의 장단점을 말하기를 좋아하고, 시비곡직을 함부로 판단하는 것은 내가 가장 싫어하는 것이다. 내가 설령 죽는다하더라도 자손이 이렇게 행동하는 것을 보고 싶지 않구나(『후한서后漢書·마원열전馬援列傳』)"라고 하였다. 그는 조카에게 덕을 쌓고 열심히 배우며 말을 조심하고 근검절약하는 위엄이 있는 용백고龍伯高를 본받아야지 불량배의 의를 좋아하고 사람에게 시비를 걸어 사고를 치는 두계량杜季良을 본받지 말라고 했다. 이것은 두계량을 본받는다면 '가벼운 사람'으로 간주되어 '호랑이를 그려도 개에 지나지 않기

중국의 전통 가정교육

때문이다'(『후한서后漢書・마원열전馬援列傳』)라고
했다. 마원은 자제들이 잘난 체하는 것을 좋아하
여 자칫하면 나쁜 짓을 하고 불량배를 마을로 불
러들여 횡포를 부리고 나중에는 범죄까지 저질러
가족까지 몰락시킬 수 있다는 것을 명확하게 인식
시켰다.

한말 위나라 초기의 명신 왕수王修는 말년에 위
나라 대사농낭중령大司農郎中令이 되었다. 그의 아
들도 외지에서 관리가 되었는데, 외지에 있는 아
들이 매우 걱정이 되어 자신의 마음을 담아 계자
서誡子書를 썼다. "네가 지금 산하를 건너고 형제와
처자를 떠나 군현을 벗어나니 이젠 거동을 조심스
럽게 하거라. 훌륭한 사람들의 절개를 보고, 한 가
지를 들으면 세 가지를 얻으려 노력하고, 선한 사
람이 되도록 노력하면서 늘 조심하거라"고 했다.
그는 관리가 되어 외지에 있을 때는 좋은 친구를
사귀고 덕으로써 친구를 돈독히 사귀며 말이나 일
을 함에 '도리를 명확하게 해야 한다'고 훈계했다
(『예문류취藝文類聚』23권). 그는 "부모는 항상 자식
이 잘 되기를 바라므로 행동을 함부로 해서는 안
된다"(『예문류취』23권)고 했다. 그야말로 자식을
사랑하는 정이 각별했음을 알 수 있다.

촉나라 승상 제갈량諸葛亮의 『계자서』는 오랫동
안 전해 내려오는 걸작으로서 대대로 관리 집안의
좌우명이 되었다. 제갈량은 "무릇 군자의 행동은
수신으로 마음을 가다듬고 덕을 쌓아 검소해야 한

한서漢書

다. 마음에 욕심이 없으면 명확한 뜻이 없고 마음을 가다듬지 못한다면 행동을 견제할 수 없다. 무릇 배움이라는 것은 마음을 잘 가다듬었을 때에야 비로소 배웠다고 할 수 있다. 배우지 않고는 재능을 넓힐 수 없으며, 뜻이 없으면 배움을 이룰 수 없다. 방탕하고 게으르면 정신을 가다듬을 수 없고 조심스럽지 않으면 성性을 다스릴 수 없다. 세월은 쏜살같이 달리고 의지는 날마다 나뭇잎이 시들듯이 쇠약해져서 대부분 세상에 적응하지 못하고 가난한 집을 애처로이 지키니 어떻게 목표에 도달할 수 있겠는가?(『제갈량집諸葛亮集』)"라고 말하였다. 제갈량은 자기 아들에게 편지를 써서 도덕수양을 강화할 것을 훈계하였을 뿐만 아니라 생질에게도 편지를 써서 사람 됨됨이를 가르쳤다. 그는 『계외생서誡外甥書』에 "무릇 뜻은 원대하고 선현을 사모하며, 정욕을 절제하고 의심을 버려야 한다. 하고자 하는 뜻이 있으면 평소에 마음에 두고 있어야 하며, 마음에 감동을 받았을 때는 그것에 대해 다시 생각해야 한다. 인내할 수 있으면서도 자신의 뜻을 굽히고 펼 수 있어야 하며, 번잡한 것을 버리고 멀리 물어보며 인색하고 싫어하는 것을 없애면 비록 그 인색함이 남아 있다 할지라도 어찌 아름다운 미덕에 손상이 있을 것이며, 어찌 하지 못하는 것에 근심할 수 있겠는가? 만약 뜻도 강하지 않고 의지도 강하지 않다면 보잘 것 없는 세속에 빠지고 은연 중에 정에 구속되어 영원히 무릎을 꿇을 수밖에 없어 하층민에 불과할 것이다"라고 하였다. 그는 자식들이 친구를 사귀는 것을 매우 중시하여 지식이 있는 사士와 교류하고 이익에 밝은 친구와는 사귀지 않도록 훈계하였다. 이것은 "이익에만 밝은 친구는 오랫동안 사귈 수 없기 때문이다"라고 하였다. 서로 진심을 교류할 때에야 비로소 우정이 오랫동안 유지될 수 있으며 어려움을 경험할수록 그 우정이 더욱 두터워진다. 후세들은 제갈량의 이러한 인생경험을 금과옥조처럼 여기고 있다.

위진남북조시기에는 많은 신하와 지각 있는 선비들이 고향을 멀리 떠나게 되면 가서의 방식으로 자녀를 교육했다. 예를 들면 위나라의 명신 왕창王昶은 『계형자급자서誡兄子及子書』와 『가계家誡』를 썼다. 위진시기의 명사名士 혜강嵇康은 감옥에서 『가계家誡』를 썼는데 이것이 그의 유서가 되었다. 촉나라 승상 장사향낭長史向郞은 팔순이 넘어 『계자유언誡子遺言』을 썼다. 오나라의 태상 경요신卿姚信은 『계자誡子』를 썼으며, 남조의 뇌차종雷次宗은 『여자질서与子侄書』를 썼다. 안연지顔延之는 『정고정고庭誥』를 썼으며 왕승건王僧虔은 『계자서誡子書』를 썼다. 서면徐勉은 『계자숭서誡子崧書』를 썼으며 북조의 안지추顔之推는 『안씨가훈顔氏家訓』20편을 썼다. 이러한 것들은 후세 사람들의 가정교육에 좋은 모범이 되었다.

중국 고대 관리 집안에서는 가서를 통해 자손의

심신수양과 학습을 지도했다. 이것은 사대부들이
자녀의 성장과 교육에 깊은 관심과 기대를 갖고
있었음을 나타낸다. 자녀들에게 풍부한 내용을 배
워 학문에 정진하고 도덕수양을 하도록 가서를 통
해 가르치면서 개성에 맞게 교육을 시키니 그 효
과가 매우 좋았다.

## 9. 사마천司馬遷 집안이 전하는
    가정교육

사마천司馬遷

한대의 사학가 사마천은 『사기史記』를 저술하여
오랫동안 명성을 날렸다. 그가 역사가로 성공하는
과정에서 세상 사람들이 가장 흥미를 가진 것은
사마司馬씨 집안에서 전하는 가정교육에 관한 이
야기이다.

사마천은 대대로 사관史官을 지낸 집안에서 태
어났다. 선진시기의 사관은 관부에서 배웠고 또
그 직위가 세습되었다. 사마천의 선조 사마씨는
주나라 조정에서 세계의 고전인 주나라 역사를 편
찬한 사관이었다. 사마천의 부친 사마담司馬談은
한무제시기에 태사령太史令의 관직을 맡았다. 태사
령이라는 직책은 중앙정부의 천문, 역학, 점복占卜
및 제사를 관장하고 문서와 도서전적을 관리하는
것으로 언제나 해박한 지식이 요구되었다. 그래서
수시로 자문해줄 수 있어야 했다. 사마담은 "천관

은 당도唐都에게서 배웠고 양하楊河에게서 『역易』을 전수 받았으며, 황자黃子에게 도론을 익혔다. 저작물에는 『논육가요지論六家要指』가 있는데, 이것은 전면적으로 선진 제자백가를 종합·분석한 것으로 사마천의 독창적인 견해가 돋보이는 저작이다.

부친의 지도하에 사마천은 어려서부터 아버지의 일을 계승하여 매우 열심히 공부했다. 게다가 그는 천성이 부지런하고 총명하여 10세 때 이미 고문을 통독했는데, 이때 고대 역사서적을 일부 접했다. 사마천이 좀 더 성장한 후 부친은 아들에게 당시의 저명한 스승 숙유宿儒에게 『고문상서古文尙書』, 『좌전左傳』, 『국어國語』, 『국책國策』, 『초한춘추楚漢春秋』 및 제자백가諸子百家, 소부騷賦 등 한대 이전의 고서를 배우도록 했다. 부친은 성심성의껏 태사령에게 필요한 지식과 기능을 전수하였다. 예를 들면 민간에서 전하는 고서를 수집하여 도서전적을 보관·정리하고 천문, 역학, 점복 및 제사 등을 연구하도록 했다. 이 모든 것은 자식이 아버지의 직업을 계승하도록 한 가정교육으로서 당시에 필요했던 관직교육에 사마씨 부자가 심혈을 기울인 것이다.

그러나 사마담이 심혈을 기울여 『논육가요지論六家要指』를 편집하면서부터 그에겐 역사서를 편집하고자 하는 또 다른 소원이 생겼다. 그는 주나라 이후의 고적을 정리하고 화하華夏민족의 발전사를 종합하여 선조의 뜻을 계승해서 후세에 천하를 통일한 현명한 왕을 본받도록 하였다. 사마천은 아침·저녁으로 부친을 모시며 부친이 역사를 편집하는 일과 전해준 이야기를 통해 많은 것을 배웠는데, 이것은 후에 부친이 죽고 난 뒤 『사기史記』를 정리하고 편집하는 주요한 밑거름이 되었다.

기원전 110년 한무제는 한나라의 봉선의식封禪儀式을 태산泰山에서 거행하였다. 태사령으로 있던 사마담은 주나라의 남쪽에 머물러 있었는데, 봉선의식에 참가하지 못하게 되자 매우 번민하다가 죽었다. 그가 임종할 때, 사마씨 부자는 하락河洛에서 만났다. 부친은 사마천의 손을 잡고 흐느끼며 "천아, 우리의 선조는 주실의 태사관이었다. 오래 전부터 하늘에 제사 지내는 일을 맡아 우하虞夏에 이름을 날렸다. 그런데 이것이 후세에 쇠약해져 내 세대에 와서 단절된단 말인가? 그럴 수 없다. 너는 앞으로 태사가 되어 조상의 사업을 계승하거라. 오늘날 조정의 천자는 천세를 계승하여 태산에서 봉선을 하지만 나는 함께 갈 수가 없구나. 명이 이렇구나. 명이 이렇구나! 내가 죽은 후 너는 반드시 태사가 되어야 한다. 네가 태사가 되면 부디 나의 뜻을 잊지 말기 바란다"고 말하였다. 부친의 이와 같은 말은 아들을 깊이 감동시켰다. 사마천은 고개를 숙이고 눈물을 흘리며 한 마디 한 마디 마음에 새겼다. 부친은 큰 뜻을 펼치지 못하고 임종이 가까워 옴에 상심한 채로 "최근 400년 이래로 제후들이 겸병하고 전쟁이 끊이지 않아 역사의 기록은 단절되었다. 오늘날 천하가 통일되고 현군과 의를 위해 죽은 충신지사들이 있으나, 내가 태사관이 되어 이들을 기록하기에는 이미 늦었다. 천하의 문사文史가 혼란하고 문란하니, 나는 오직 이러한 과실을 매우 두려워한다. 부디 이것을 잊지 않기 바란다!"고 아들에게 훈계하였다. 사마천은 부친 임종시의 유언과 훈계를 저버리지 않기로 결심했다.

후에 사마천은 아버지가 맡았던 태사령을 계승하여 황실에 있던 장서들을 관리하기 시작하였다. 황실의 석실은 중요한 곳인데 그는 이곳에서 각종 서적과 문사 자료를 열심히 읽었다. 이와 더불어 그는 사서를 편집하기 위하여 이미 있던 장서를 수집·정리하는 것 외에 황제를 시위하는 직책을 충분히 이용하여 조국의 명산대천을 여행하며 각지의 역사 고적과 풍토를 고찰하면서 일차자료를 얻었다. 기록에 의하면 사마천은 20세에 "남쪽으로는 장강長江, 회하淮河, 회계會稽에 이르러 우禹가 거처했던 것을 탐사하고 구억九嶷을 보고 원강沅江과 상湘에 가고, 북으로는 문汶, 사泗에 가고, 제齊, 노魯에서 강론하며 공자의 유풍을 살피고, 시골에 있는 추鄒, 역嶧까지 갔다. 재난을 만나 파鄱, 설薛, 팽彭에 갇히고 양梁, 초楚를 거쳐 돌아왔다"고 한다. 사마천이 낭중郎中으로 재직한 뒤에는 파巴, 촉蜀, 공邛, 작筰, 곤명昆明 등 서남쪽의 각 지방을 여행하며 고찰하였다. 이처럼 비범한 경력은 그가 『사기』를 편집하는데 좋은 토대가 되었다.

『사기史記』

사마천은 어려서부터 집안에 전하는 가정교육을 섭렵했다. 또한 부친이 임종 때 남긴 유언과 훈계는 그에게 커다란 힘이 되었다. 따라서 그는 뜻을 이루지 못할 역경에도 굴하지 않고 거대한 저작『사기』를 완성하였다. 그는 부친의 유언을 실현했을 뿐만 아니라 자식으로서 아버지의 가르침을 따른 대표적인 본보기가 되었다.


## 10. 조조曹操의 가정교육

삼국시기에 조조는 중원中原을 통일하기 위해 평생 동안 많은 전쟁을 치뤘고 정사에도 바빴다. 그럼에도 불구하고 그는 틈이 있을 때마다 자식교육에 매우 많은 관심을 보였다.

조조의 아들은 조앙曹昂, 조비曹丕, 조창曹彰, 조식曹植, 조웅曹熊 등으로 그 수가 비교적 많았다. 이

중국의 전통 가정교육

들은 장성한 후에 모두 연이어 후侯로 봉해졌고 정치와 군사에 종사하며 조조를 보위하였다. 어린 아들 조충曹冲은 매우 총명했다. 하지만 안타깝게도 어려서 일찍 요절하였다. 조앙은 아버지를 따라 전쟁터에 나갔다가 완성宛城에서 죽었고, 조비는 부친의 뜻을 계승하여 한나라를 멸망시키고 위나라를 세우는 등 문무에 뛰어났지만 그 부친에게 불손하였다. 조식은 재능이 뛰어나 '건안칠자建安七子' 가운데 하나였는데, 특히 시부詩賦 방면에 많은 재능을 가지고 있었다. 조창은 무를 숭상했으며 무예에 능통하여 성을 공격하면 반드시 이기고 전쟁에서도 결코 실패하는 일이 없어 조조의 총애를 받았다.

조조曹操

한 시대를 대표하는 정치가이자 전략가이자 문학가인 조조는 자식들의 교육에 매우 심혈을 기울였다. 그의 수하에는 문신무장이 매우 많았다. 예를 들면 모사가謀士家 곽가郭嘉, 정옥程玉, 순유荀攸, 공융公融, 가후賈詡, 양수楊修, 종요鐘繇, 진림陳琳, 사마의司馬懿 등과 무예에 뛰어났던 무장武將 조인曹仁, 하후돈夏侯敦, 전위典韋, 허저許褚, 이전李典, 장요張遼, 서황徐晃, 장합張郃 등이다. 이들은 조조의 명령을 듣는 중신이었을 뿐만 아니라 조조의 자녀교육에도 일조한 훌륭한 스승들이었다. 조조의 자식들은 성장하여 모두 문과 무에 뛰어났는데 그것은 스승들의 교육적 도움이 컸기 때문이다.

조창은 차남으로 자는 자문子文이다. 어려서부

터 말 타기와 활쏘기를 좋아했으며 체력이 남보다 뛰어나 맹수를 맨손으로 잡을 수 있었다. 조조는 장수의 길이 매우 위험하다는 것을 알고 조창이 무를 숭상하면서도 경솔한 성격을 걱정하였다. 어느 날 그는 아들에게 "네가 독서를 하지 않고 활쏘기와 말타기를 좋아하는 것은 필부의 용기다. 어떻게 귀하다고 할 수 있겠는가?"라고 훈계하였다. 이것은 조창에게 독서를 잘하고 유사儒士가 되라고 요구한 것이다. 그런데 조창은 "대장부는 마땅히 위청衛青, 곽거병霍去病을 배워 전쟁에서 공을 세우고 수십만 명의 병사를 거느리며 천하를 종횡했는데 어찌 박사가 될 수 있겠습니까?"라고 말했다. 조조가 바로 그 뜻을 추궁하자 조창은 "장군이 되기를 원합니다"라고 말했다. 조조가 "어떻게 장군이 되려고 하느냐?"라고 묻자, 조창은 "갑옷을 입고 무기를 들고 어려움을 무릅쓰고 앞장 서서 사병을 이끌며 상을 준다고 하면 반드시 행하고 벌을 준다고 하면 반드시 그 믿음을 보여야 합니다"라고 말했다. 조조는 장군이 되고 싶다는 아들의 말에 감동받아 매우 기뻐하며 크게 웃었다. 그후 조조가 친히 아들에게 병가의 학을 전수하고 더불어 무예에 뛰어난 사람을 초빙하여 그를 가르치게 했다. 건안建安 23년 대군大郡 오환烏桓이 반란을 일으키자, 조조는 조창에게 병사 5만으로 토벌할 것을 명령하여 실전능력을 시험하였다. 출발할 때, "집에 있을 때는 부자지간이지만 일을 할 때는

임금과 신하지간이다. 법은 정에 사로잡히지 말아
야 함을 너에게 간곡히 충고한다"라고 훈계하였
다. 조창은 부친의 진심어린 교육으로 병법과 무
예에 능통하게 되었다. 따라서 북방에 도착한 후
사병을 이끌고 지휘하였는데 그 세력이 파죽지세
로 북방을 매우 빨리 평정하여 싸움에서 크게 승
리를 거두고 돌아왔다. 조조는 아들에게 "내 아들
이 손중모孫仲謀같구나. 너와 손중모가 대결해보면
어떻겠느냐?"고 권하면서 중국을 통일하고 동쪽의
오吳나라와 촉한蜀漢을 평정하는 대업을 이루도록
아들을 격려하였다.

조식은 어려서부터 조조의 영향을 받아 문학을
매우 좋아했다. 따라서 조조는 양수楊修, 진림陳琳,
종요鍾繇, 왕랑王朗 등 문신을 초빙하여 조식의 선
생으로 삼았다. 이들은 조식에게 문학지식을 가르
쳤을 뿐만 아니라 나라를 다스리는 정치능력도 가
르쳤다. 양수는 낙관적이고 얽매이지 않으면서 의
기가 호방하고 재능이 뛰어나, 사람들은 "글씨를
씀에 용이 지나가는 것 같은데 마음은 비단결 같
구나. 이야기를 하면 모두 놀라 관의 군영도 달아
난다"고 말했다. 조식은 양수의 재능을 좋아하여
자주 그를 불러 배움과 치국의 도를 담론하며 날
이 새는 줄 몰랐다. 양수 등의 지도를 받은 조식의
재능은 모든 형제 가운데 가장 뛰어나 조조의 총
애가 매우 깊었다. 그래서 조조는 조식을 세자로
삼기로 마음먹었다. 따라서 조조는 조식의 진정한

재능과 배움을 알아보기 위해 정사를 주제로 자주 질문하였다. 조식은 양수 등의 지도아래 군국의 일에 박식하고 질문에 답하는 것이 청산유수와 같아 한 마디를 하면 한 문장을 이루어 사람들을 놀라게 했다. 조식이 쓴『동작태부銅雀台賦』는 조조가 명제를 주어 즉흥적으로 지은 작품이다.

조조는 아들들이 왕위를 차지하려고 서로 다투어 혼란해지는 것을 방지하기 위해 임종 전에 조홍曹洪, 진군陳群, 가후賈詡, 사마의司馬懿 등에게 사후의 일을 부탁하였다. 조조는 "혼자 천하를 30여 년 종횡하니 군웅이 모두 멸하였구나. 그러나 강동江東에 손권孫權과 서촉西蜀에 유비劉備가 있어 아직 섬멸되지 않았다. 나는 병이 위독하여 당신들과 다시 이야기 할 수 없으니 특별히 가사를 부탁하노라. 장자 조앙은 유씨의 소생이나 불행하게도 일찍 완성宛城에서 죽었다. 현재 변卞씨에게는 네 명의 아들이 있다. 비丕, 창彰, 식植, 웅熊이다. 나는 셋째 아들을 사랑했으나 성실하지 못하고 술을 좋아하고 방종하여 그를 세자로 삼을 수 없다. 차남 조창은 용감하나 지혜가 없고, 넷째 조웅은 병이 많아 몸을 보전하기 어렵다. 유일한 장자 조비는 독실하고 후덕하며 공경하고 삼가 할 줄 아니, 나의 가업을 계승할 수 있다. 신하들도 그를 보좌하기 쉬우리라"고 했다. 그는 죽을 때까지 문무대신의 교육과 그의 후손 교육을 잊지 않았다.

## 11. 황보밀皇甫謐의 숙모叔母가 자식을 가르치기 위해 흘린 눈물

서진시기 하남군河南郡 신안현新安縣[지금의 민지澠池현]에는 방탕했던 황보밀皇甫謐이 자신의 신분까지 낮추어가면서 배움을 청했던 이야기가 전해지고 있다.

황보밀의 자는 사안士安으로 기원전 215년 옹서隴西 황보세皇甫世의 대가정에서 태어났다. 증조부는 동한 영제靈帝 때의 대관료 황보숭皇甫嵩이다. 비록 한나라가 망하고 진나라가 세워졌지만 황보 집안의 뛰어난 가세는 여전히 사람들의 이목을 끌었다. 그러나 대대로 고관을 배출한 황보씨 집안이 천성적으로 머리가 둔한 황보밀이라는 '바보' 때문에 세상 사람들의 웃음거리가 될 것이라는 것은 어느 누구도 예상하지 못했다.

도기로 만든 여자 인형,
동진東晉

황보밀은 어려서 숙부의 양자가 되어 하암군 신안현에서 생활을 했다. 숙부모는 그를 친자식처럼 사랑했으며 그가 공부를 해서 관직을 얻어 가문을 빛내기를 희망했다. 그러나 그가 독서하기를 싫어하고 매일 방탕한 것이 지나쳐 밤에 집에 돌아오지 않으며 우매하고 완고하여 훈계도 듣지 않는 아이인 줄 누가 알았겠는가! 그의 어렸을 때 친구들은 이미 가정을 이루거나 관직을 맡았는데 그는 그때까지도 유치한 기색을 벗지 못해 8~9세 된 어린 아이들과 함께 가시 덩굴을 꼬아 방패로 삼고, 막대기를 칼로 삼아 편을 나누어 서로 싸우는 군사놀이나 하면서 미친듯이 소리 지르며 노니, 이를 본 숙부모는 매우 화가 나지 않을 수 없었다.

어느 날, 밖에서 놀이에 빠져 온 몸에 땀이 가득한 황보밀이 비틀거리면서 어디에서 가져온 지도 모르는 과일을 안고 기뻐하며 총총 걸음으로 숙모 앞에 왔다. 그는 속으로 어머니에게 효경한다고 하면 숙모가 매우 기뻐할 것이라고 생각했다.

황보밀의 교육에 온갖 심혈을 기울였던 숙모는 그동안 남모르는 눈물을 많이 흘렸다. 그러나 고삐 풀린 야생마 같은 그는 아직까지 한번도 그녀의 훈계를 듣지 않았다. 지금 이 상황을 보고 그녀는 내심 괴롭고 불만스러워 과일을 받지 않고 직접 그를 면전으로 불러서 "아들아, 네가 벌써 20여 세가 되었구나. 그러나 아직 세상일에 어둡고, 가르침을 듣지 않으며, 마음에 도가 없고, 언행이 어지러워 방종하여 놀기에만 탐닉하는구나. 언제 쓸모 있는 그릇이 될 수 있겠느냐? 네가 이 모양이니 설령 나에게 소, 양, 돼지고기를 갔다준다고한들 나는 조금도 편안하지 못하구나"하며 의미심장하게 훈계하며 한숨을 계속 쉬었다.

황보밀은 여전히 어리둥절하여 서 있을 뿐이었다. 기뻐했던 마음이 한꺼번에 사라졌다. 그는 숙모가 왜 이렇게 하는지 깨닫지 못했다. 숙모는 긴 한숨을 내쉬며 "과거에 맹자의 어머니는 세 번이나 이사하여 결국 맹자로 하여금 나쁜 것을 고쳐

바르게 해서 학자가 되게 하였다. 이 어머니가 좋은 이웃을 얻지 못해 그들이 너를 망치게 했는가 보구나. 아! 어떻게 다른 사람들을 탓하겠는가? 이웃 자제 가운데 어느 누가 너처럼 놀기를 좋아하느냐! 보아하니 너에 대한 교육이 부족하였거나 교육이 적합하지 못했는가보다. 아들아, 어머니도 이젠 더 이상 너를 보살피고 가르칠 수 없구나. 열심히 배우고 수신하는 일은 모두 너의 노력에 달려 있으며, 이것은 결국 너에게 도움이 되는 일이지 나에게 도움이 되는 일이 아니다!"고 말하면서 긴 한숨을 내쉬고는 흘러내리는 눈물을 감추지 못하였다.

황보밀은 여태껏 숙부모가 큰 소리로 꾸짖고 훈계했기 때문에 그 소리를 귀담아 듣지 않았다. 그러나 숙모가 입이 닳도록 말한 교화, 숙모의 슬픔, 마음을 찌르는 자책감은 그의 마음을 흔들어 양손에 가지고 있던 과일을 떨어뜨린 채 바닥에 무릎을 꿇게 했다. 그는 그 즉시 숙모에게 지금부터 지난날의 잘못을 철저히 고쳐, 옛 버릇을 버리고 다시 시작하여 방탕한 자식에서 유명한 사람이 되겠다고 다짐했다. 맹자처럼 열심히 공부하여 유명한 학자가 되겠다는 것이다.

이튿날 해가 떠오르자마자, 황보밀은 잠에서 깨어나 옷을 입고 조용히 집을 나섰다. 숙모는 문소리를 듣고 아들이 또 밖에 나가 방탕한 짓을 할 거라 생각하며, 습관적으로 한탄하면서 잠자리에서

뒤척였다. 숙모는 황보밀이 마을에서 탄석坦席이라고 부르는 유명한 선생을 스승으로 모시러 간다는 것을 생각지 못했다. 이때부터 황보밀은 예전과는 전혀 다른 사람으로 변하여 다시는 밖에서 방탕하게 생활하지 않았을 뿐만 아니라 목마른 사람이 물을 찾듯 책 속에 심취하여 '전적에 빠져 잠을 자고 음식을 먹는 것도 잊어버리고', '열심히 공부하였다'[8]고 한다. 정말로 그는 먹고 놀기만 하지 않고 '열심히 일을 하면서도 경을 가지고 다녔다'[9]고 한다.

8) 『진서晉書·황보밀皇甫謐 열전列伝』

9) 『진서晉書·황보밀皇甫謐 열전列伝』

가정환경이 점점 좋아지자 그는 더욱 성실히 배웠다. 그가 잠을 자지 않고 음식을 먹는 것도 잊은 채 공부하자 사람들이 너무 무리해서 공부를 하지 말라고 충고했는데 심지어 어떤 사람은 그를 '책벌레'라고 불렀다. 황보밀은 과거에 너무 많은 시간을 낭비했다고 생각하여 뜻을 세운 뒤 손실된 것을 보충하고자 밤낮을 가리지 않고 많은 백가의 학설을 익혀 마침내 학문이 깊은 사람이 되었다.

열심히 노력한 끝에 그의 학문과 명성은 점점 높아졌다. 일부 선한 사람이 그에게 "너는 이미 학식과 재능이 뛰어나고 명성 또한 있으니 권력이 있는 사람들과 교류하면 네 자신을 위해서도 좋은 관직을 얻을 수 있을 텐데 왜 하필 서재에서 늙어 죽느냐"고 충고하였다. 황보밀은 "숙모는 내가 맹자를 배워 안빈낙도하기를 원하셨는데, 어떻게 학문으로써 영리를 추구하겠느냐?"고 말하였다. 숙모는 이 말을 듣고 매우 기뻐하였다. 후에 황보밀

중국의 전통 가정교육

의 명성이 천하에 두루 알려지자 진晉무제는 여러 번 조서를 내려 그에게 관직을 맡도록 재촉하였다. 그러나 그는 완곡하게 모두 사절하고 뜻을 세워 학문에 전심전력으로 몰두했는데, 죽는 날까지 손에서 책을 놓지 않았으며, 후에 방대한 저술을 남겼다.

20여 세에 스승을 모시고 배움을 시작한 황보밀은 평생 동안 전심전력으로 글을 써 저명한 학자, 사학자, 의학자가 되었다. 그의 저작으로 『제왕세기帝王世紀』, 『연력年歷』, 『고사전高士傳』, 『일사전逸士傳』, 『열녀전列女傳』 등이 있다. 『제왕세기』는 위로는 삼황오제三皇五帝, 아래로는 삼국조위三國曹魏 시기로 3000년의 역사를 기술한 것으로서 많은 고금문헌을 통달한 거대한 사학저작으로 당시와 후대에 높은 평가를 받았다. 그밖에 그는 많은 의학서를 저술하기도 했는데, 예를 들면 『황제삼부침구갑을경黃帝三部針灸甲乙經』, 『황보사안의제방선黄甫士安依諸方撰』, 『논한식산방論寒食散方』 등의 의학저작은 오늘날까지 중국에 전해지고 있을 뿐만 아니라 특히, 『황제삼부침구갑을경』은 중국 최초의 체계적인 침구저작으로 외국어로 번역되어 소개된 세계적으로 매우 중요한 침구학 전문서적이다. 이렇게 황보밀을 가르침에 숙모가 흘린 눈물은 헛되지 않았고 이로 인해 훌륭한 결실을 맺었다.

## 12. 『안씨가훈顔氏家訓』

장강長江 삼각주三角洲 지역에서 자주 발견되는 위진 남북조시기의 부장품인 청자저권靑瓷猪圈. 당시 가정에서 양이나 돼지를 많이 길렀음을 알 수 있다.

『안씨가훈』은 기원 6세기 말에 저작된 사대부 가정의 가정교육 경전이다. 이것은 위로는 한·위·육조 이래의 '『계자서誠子書』', '『가계家誡』'의 유풍을 이어받고, 아래로는 당·송·원·명·청 등 모든 사대부가의 가훈의 효시가 되었다. 따라서 『안씨가훈』은 중국 고대에 관리가 된 집안의 가정교육사에서 매우 중요하다.

『안씨가훈』은 안지추顔之推가 쓴 것이다. 안지추(531～595)의 자는 개介로서 양梁나라 건업建業[지금의 강소江蘇 남경南京] 사람으로 본적은 앙야임기琅琊臨沂이다. 그는 "나라가 어지러울 때 태어나 전쟁속에서 자랐으며 정처없이 떠돌아 다녀, 보고 들은 것이 많다(『안씨가훈·모현慕賢』)"고 했다. 그는 관직을 한 사족士族집안에서 태어나 전통 유학의 영향을 매우 깊게 받았다. 어려서부터 대대로 전하는 『주관周官』, 『좌씨춘추左氏春秋』 등의 유가경전을 교육받았을 뿐만 아니라 다양한 책을 읽는 것을 좋아하였다. 19세부터 양나라에서 관리를 했으며, 후에 북제北齊정권을 위해 일을 했고 『수문전어람修文殿御覽』, 『속문장유별續文章流別』, 『문림관시부文林館詩府』 등을 주필하였다. 기원 577년 북제北齊가 북주北周에 의해 멸망되자, 안지추는 북주의 어사상사御史上士가 되었다. 581년 수나라가 다시 북주를 점령하자 그는 수나라의 부름을 받아 학사學士가 되었다. 그가 처해 있던 시대는 바로 봉건사족 문벌제도의 통치가 절정기를 지나 몰락하던 시기로, 당시 중국사회는 남북조의 분열에서 새로운 통일의 시기로 접어들고 있었다. 사족세력이 부패하고, 구품중정제가 곧 와해 될 위기에 놓였다. 안지추는 중소지주계층이 정치무대에 오르고 과거시험으로 사를 뽑아 관직을 부여하는 새로운 제도가 머지않아 시행될 것이라고 예상하였다. 따라서 그는 자신의 후대가 유가의 가정교육 전통을 계승해서 오랫동안 부귀하게 지내면서 대대로 관리가 되기를 원했다. 이런 이유로 그는 말년에 『안씨가훈』이라는 책을 썼다.

안지추는 몸소 전란을 겪고 한때 서위西魏 정권의 포로가 되어 많은 관리 집안의 비참한 장면을 목격하였다. 그는 자식들에게 혼란한 시대일수록 더욱 예藝를 익히고 독서를 해야 한다고 훈계하였다. 그는 "예를 배운 자는 어느 곳에 가든지 편안할 수 있다. 혼란한 시대에는 많은 포로를 볼 수 있는데 비록 소인이더라도 『논어』, 『효경』을 읽은 자는 사람의 스승이 될 수 있다. 그러나 몇 세대 동안 관직을 했을지라도 책을 읽지 않은 자는 농사일을 하고 짐승을 기르는 것만 못하다(『안씨가훈·면학』)"고 했다. 그는 사대부가에서 수백 권의 책을 두고 가정교육을 중시한다면 '소인'이 되지 않을 것이라고 생각하였다. 그러나 위진 이후, 호문사족豪門士族 집안의 자식들은 관리가 되어 높은 지위에서 부유한 생활을 누리며, 하루 종일 배부르게 먹고 힘든 일 없이 하루하루를 보냈다. 어떤 사람은 집안이 넉넉하여, 그것으로 대수롭지 않은 벼슬을 얻어 스스로 만족하며 수양하고 공부하는 것을 중요하게 생각하지 않았다. 그러나 좋을 때는 유유자적하게 보낼 수 있지만 전란과 세대가 바뀌면 몸조차 보호하기 힘들게 되고 가세가 기울면 사람은 망한다. 따라서 그는 관리의 집안에서는 반드시 편안할 때 위기를 생각하며 예藝를 배워 몸에 익혀야 한다고 생각했다. 예를 배우는 주요한 방법은 독서다. 유가의 오경을 읽으면 입신출세의 도리와 방법을 알 수 있다. 동시에 오경을 연구하는 것 외에 백가百家의 책들을 공부해야 한다. 백가의 책에서 서書, 수數, 의醫, 화畵, 사射 등 다양한 예를 알 수 있다. 안지추는 신하는 여섯 종류에 지나지 않는다고 생각하였다. 즉 조정의 일에 힘쓰는 신하, 문사에 능한 신하, 군사에 능한 신하, 보위를 잘.하는 신하, 외교에 능통한 신하, 토목건축을 주관하는 신하이다. 이 여섯 관리는 모두 재능과 예를 배워야만 하고 그 후 한 가지 일에 정통하여 국가대사가 있을 때나 이해득실을 논의함에 우왕좌왕하면 안 된다고 생각했다. 안지추는 전문적인 재능과 예를 배우는 것에 대해, 관리의 집에서는 반드시 가문의 틀을 타파하고 가문의 벽을 넘어 귀족자제로 하여금 하층사회의 농공상

중국의 전통 가정교육

들과도 접하여 많은 것을 얻도록 했다. 안지추는 역사상 업적이 많았던 소박한 경상卿相은 민간에서 나와 백성의 고통, 농사의 어려움을 알아 시대를 이끌고 나라를 다스리는 재능을 발휘하였다고 했다. 반대로 사대부 자제들은 "농상을 부끄럽게 여기고 일하는 장인을 하찮게 보며 활을 쏘되 그것이 사물을 꿰뚫지 못하고, 공부를 했지만 이름밖에 쓸 줄 모르면서 음식과 술은 배부르게 먹으니, 어찌 이러한 사람이 혼란한 시대에 '소인'으로 전락하여 농사일을 하고 가축을 기르지 않을 수 있겠는가?(『안씨가훈·면학勉學』)"라고 했다.

『안씨가훈·교자敎子』에서 안지추는 자녀의 조기교육을 주장하였다. 영아기부터 조기교육을 시작한다면 좋은 습관이 자연스럽게 몸에 익힐 것이라고 생각하였다. 만일 아이의 성격이 형성된 뒤 그를 가르친다면 가르침에 어려움이 많을 것이라고 했다. 그는 아이들을 과잉보호하거나 난폭한 방법으로 가르치려하지 말라고 요구하였다. 이렇게 하는 것은 부모의 권위를 상실하게 할 뿐만 아니라 교육 효과도 없다고 지적했다. 관리 집안의 부모는 반드시 '위엄과 자애가 동시에 있어야 한다'고 하였다. 그래야만 자녀는 부모를 두려워 할 줄 알며 살아 계신 부모에게 효도할 줄도 안다. 동시에 부모는 반드시 자식의 연령과 천부적인 재능에 맞춰 가르쳐야 한다고 했다. 예를 들면 아동기에는 언어를 잘 배울 수 있도록 주의하여 표준말

을 하고 예의 있는 말을 하여 어른이 자녀의 모범
이 되어야 하며, 상스러운 말과 예의 없는 말은 절
대 해서는 안 되며, 어른이 된 후에는 시서詩書로
가르치고 기예를 배우도록 하여 품성을 배양해야
한다는 것 등이다.

# 제3장 당唐 · 송宋 시기의 가정교육

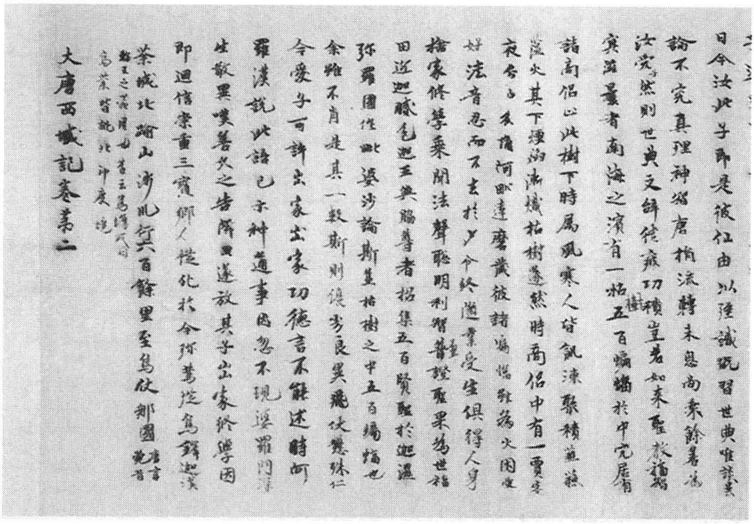

당대唐代 현장玄奘의 구술을 받아 적은 대당서역기大唐西域記

# 1. 당·송시기 가정교육의 특징

수隋나라(581~618)는 남북조로 분열된 전국을 통일하고 문화를 발전시켰지만 국운은 짧았다. 수나라를 계승한 당은 문화면에서 많은 개혁과 변화를 도모했다. 예를 들면 한 이후의 유가경학을 종합하고 학교교육을 힘써 발전시켰으며, 과거시험으로 사를 뽑는 선사제도選士制度 등을 보급하였다. 따라서 사회에서는 교육을 중시하는 분위기가 형성되고 많은 서민 지주들이 교육과 과거를 통하여 정치무대에 올라 '독서를 해서 관리가 되는 현상'이 나타났다. 송대에는 수·당의 과거로 사를 뽑는 제도를 계승했을 뿐만 아니라 문화와 교육을 매우 중시하였다. 이로써 사회는 황실종친과 귀족계급의 관료계층에서부터 넓게는 평민에 이르기까지 모두 가정교육을 정치활동과 가정생활의 대사로 여겼다.

당·송시기 가정교육의 특징을 몇 가지로 정리해보면 다음과 같다.

우선, 황실의 가정교육은 독립적이면서 완벽한 학교체계를 형성하기 시작했다. 예를 들면 수대에 최초로 동궁東宮에 '문하방門下坊'과 '전서방典書坊'을 설치했다. 문하방 왼쪽에는 서자庶子, 내부에는 사인舍人과 사건을 기록하는 제관諸官을 두고 전서

수隋 문제文帝

방에도 서자, 사인, 세마洗馬 등 여러 제관을 두었다. 이러한 관원에서는 주로 황태자의 문화교육과 도덕교육이 행해졌다. 당대에는 삼공삼소三公三少외에 태자빈객太子賓客을 설치하고 더불어 첨사부詹事府를 두어 동궁의 정치와 교육을 맡았으며, 첨사부 내부 좌우에 유덕관諭德官을 두어 전문적으로 황태자에게 간언하도록 했다. 또한 수대의 문하방을 '좌춘방左春坊'으로 고치고 전서방은 '우춘방右春坊'으로 고쳤다. 정관貞觀년간에는 오로지 황태자를 위해 숭문관崇文館과 학사관學士官을 설치했으며, 동궁도서관도 건립하여 많은 도서를 저장하였는데 이곳을 '비서秘書'라고 했다. 이것은 전문적으로 황실 자제교육을 위해 설치한 것이다. 송대에는 황태자의 교육을 강화하기 위해 첨사감독관을 증설하여 태자 시독侍讀, 태자 시강관 등을 증설했으며 더불어 자선당資善堂도 설립하여 태자 및 기타 모든 왕자들이 교과과정을 이수하는 장소로 삼았다. 자선당의 교관敎官은 익선翼善, 찬독贊讀, 직강直講, 설서說書 등을 했다. 남송 초에는 동궁관 내부에 서원을 건립했는데, 서원은 민간에서 나온 교육기구로 황실가정교육의 특수성을 체현할 수 없어 후에 '학신당學新堂'이라는 이름으로 바꾸었다.

또한 과거제도의 보급은 많은 서민 지주계층과 소수평민 집안사람들에게 독서에 대한 흥미를 자극하여 가정교육이 점점 과거시험과 밀접하게 결합하도록 하여 '자식이 잘 되기를 바라는' 것이 가정교육의 동기와 목적이 되었다. 일부 관리 집안에서는 집안의 명성만으로도 혜택을 받기도 했다. 따라서 선생을 초빙하여 자식을 가르치는 분위기가 무르익었다. 일부 부유한 집안에서도 끊임없이 '가숙家塾'을 세웠는데 이것은 여러 가정이 연합해서 세웠거나 성씨가 같은 사람이 연합하여 사숙私塾의 성격을 띤 학교를 세운 것으로, 이곳에서는 현지 및 외지의 명사를 교사로 초빙하였다. 이처럼 가정교육은 조금씩 학교교육과 결합되기 시작하여, 가정교육이 학교교육화되는 경향이 나타났다.

그밖에 당·송시기의 가정교육에는 또 다른 특징이 있는데, 가정교육 중에서 봉건강상의 예교가 중요한 위치를 차지하게 된 것이다. 예교는 한대에 삼강오상의 구체적인 내용과 형식으로 나타났으며 더불어 각 학교교육에서 실행되었다. 당대 이후, 특히 송대 이학가理學家는 '예'를 '인욕人欲'과 대립된 '천리天理'라고 해석한 후, 예교는 체계화된 이론과 실천적 요구가 되었고 가정교육이 학교교육으로 변함에 따라 예교는 가정교육의 실재 활동에 포함되었다. 당대와 송대에는 『가범家範』, 『가규家規』, 『치가격언治家格言』에서 예교내용이 더욱 풍부해지고 완벽해졌다. 이것은 봉건사회 후기 가풍의 형성에도 커다란 영향을 미쳤다.

## 2. 당태종唐太宗의 가정교육

당태종唐太宗

중국 봉건사회에서 특별히 황가의 가정교육을 중시한 당태종 이세민李世民[599~649]은 가정교육 이론과 실천에서 커다란 업적을 세웠다.

우선 태종은 궁정관학宮廷館學을 설립하고 황가 자제의 교육기구를 일부 개혁하였다. 관학館學의 설립은 남북조시기에 시작되었지만 이 시기의 관학과 한대의 태학은 근본적인 차이 없이 주로 천하의 독서인들을 위해 설립한 교육기구였다. 당태종이 개설한 관학은 황가의 자제를 전문적으로 교육하기 위한 것이다. 동시에 국자학, 태학 등 황가의 귀족자제가 아닌 일반사람을 위한 학교도 설립하였다. 이렇게 그는 황가자제의 교육과 평민자제의 학교교육을 명확하게 구분했다.

당태종이 진秦왕으로 있을 때 비록 전쟁이 잦아 밖에서 많은 시간을 보냈지만 그는 오히려 문화교육을 중시하였다. 그는 문학관을 설립하여 명유 18명을 초빙해서 관학사官學士로 삼았으며, 그들에게 수신치국修身治國의 도를 가르쳐 줄 것을 청하였다. 이 18명의 학사는 두여회杜如晦, 방현령房玄齡, 우세남虞世南, 저량褚亮, 요사렴姚思廉, 이현도李玄道, 채윤공蔡允恭, 벽원경薛元敬, 안상시顏相時, 소욱蘇勖, 우지녕于志宁, 장세장張世長, 벽목薛牧, 계수소季守素, 육덕명陸德明, 공영달孔穎達, 개문달盖文達

과 허경종許敬宗으로 이들은 모두 수나라 말기에서 당나라 초기까지 활동했던 유명한 학자였다. 이들은 아침·저녁으로 당태종에게 경사를 가르치고 천하의 일을 의논했으며, 책략을 세워 당왕조를 건립하는데 중대한 공헌을 했다. 당태종은 즉위한 뒤 어전의 왼쪽에 홍문관弘文館을 설립하고 학사들이 번갈아 가며 숙직하도록 하면서 그들과 함께 고금의 변화를 토론하면서 역대 왕이 이룩한 업적과 실패에 대한 경험적 교훈을 종합하였다. 그는 "옛 것을 거울삼으면 흥망성쇠를 알 수 있고, 사람을 거울삼으면 득실을 알 수 있다"고 말하였다. 정관 7년에 당태종은 위정魏征에게 명령하여 『자고제후왕선악록自古諸侯王善惡彔』을 편집하도록 하여 황가 가정교육의 교재로 삼았다. 이 책은 역대의 제왕 및 제후왕이 선과 악으로 이루어진 성패득실의 이야기를 역사적 순서로 편집한 것이다. 이것으로 황가자손에게 과거를 거울 삼아 도덕수양에 주의할 것을 교육하였다. 후에 당태종은 숭문관崇文館을 설립하였다. 이를 관학에 설립함과 동시에 당태종은 위정魏征, 우세남虞世南, 안사고顔師古 등에게 도서를 구입하도록 명령하고 오품 이상의 붓글씨에 능한 사람을 선출하여 베껴 쓰도록 한 후, 황가의 비서에 보존하고 황가의 가정교육 전문도서로 제공하였다.

당태종이 관학을 개설한 후, 교육기관으로서의 관학은 끊임없이 공고해지고 발전하기 시작하였다. 관학교관의 직책도 일품중서문하평장사一品中書門下平章事, 육부상서六部尙書, 재상宰相 등이 겸했으며 학생은 모두 황족의 친척, 황태후, 황후대공 이상의 황가자제들이었다. 당현종 때 관학의 장서는 매우 풍부하여, 동궁에 특별히 서원書院을 설립했는데 이것이 바로 도서관이다. 당대에는 여정서원麗正書院과 집현서원集賢書院이 있어 각각 경사자집經史子集 사고四庫를 두었다. 교재에 있어서 서견徐堅 등에게는 『초학기初學記』를, 오긍吳兢에게는 『정관정요貞觀政要』를 편집하도록 명령했고, 이를 모두 황실 가정교육의 교재로 삼았다.

또한 당태종은 황실의 가정교육이론 방면에 중요한 사상을 제시했다. 이러한 사상은 주로 그가 손수 선택하여 편집한 12편의 『제범帝範』과 오긍이 편집한 『정관정요』 등의 책에 반영되어있다.

(1) 스승을 존중하고 교육을 중시하였다. 당태종은 황가자손을 배양하는 것이 국가의 대사라고 생각하였다. 황실교육을 잘 하기 위한 조건으로 스승을 존경하는 것과 교육을 중시하는 것이 서로 보완되어야 한다고 말했다. 존사尊師라는 것은 두 가지를 포함한다. 즉 태자太子의 삼사三師 직책은 반드시 덕성과 명망이 높은 조정의 충신이어야 하고, 존사의 예의를 수립해야한다는 것이다. 당태종은 일찍이 예부상서禮部尙書 왕규王珪를 위왕태魏王泰의 스승으로 삼고 후에 덕성과 명망이 높은 위

정을 태자의 스승으로 삼았다. 정관 17년(643) 4월 『삼사의주三師儀注』를 쓰도록 명하여 태자가 어전을 나서서 삼사를 맞이하고 삼사에게 먼저 예로써 절하며 삼사가 답례를 한 뒤, 어전에 들어서도록 규정하였다. 삼사가 동궁어전에 들어 올 때 태자는 먼저 삼사가 들어서도록 했다. 삼사가 앉은 후 태자는 비로소 앉을 수 있다. 태자가 삼사에게 배움을 청하는 서신을 올릴 때, 맨 앞에 반드시 "황공합니다惶恐"라고 쓰고 마지막에는 "황공합니다. 다시 인사드리겠습니다惶恐再拜"라고 써야 했다. 당태종은 이강李綱을 태자의 스승으로 삼았다. 이강이 나이가 많고 다리를 절뚝거렸으므로 그에게 마차를 주고, 동궁위사東宮衛士에게 명하여 가마로 그를 궁전에 모셨다. 더불어 스승을 궁에 모셔 예의를 다하도록 태자에게 시켰다. 당태종은 삼사가 존경을 받지 못하면 황태자의 존중도 받을 수 없다고 생각하였다. 스승을 존경하지 않는 것은 스승의 가르침을 존중하지 않는 것으로 이는 결국 교학도 그 작용을 발휘하지 못하는 것이 된다.

(2) 옛 성왕은 모두 배움에서 나왔다. 정관 6년(632), 당태종은 조서를 내린 문서에 "나는 요즘에 경서와 역사서를 읽고 있다. 옛부터 스승의 가르침을 받지 않은 황제가 있겠느냐? 황제는 대전大顚에게서 배우고, 전욱顓頊은 녹도綠圖에게서 배우고 요堯는 윤수尹壽에게서 배우고, 순舜은 무성소務成

昭에게서 배우고, 우禹는 서왕국西王國에게서 배우고, 탕湯은 척자백戚子伯에게서 배우고, 문왕文王은 자기子期에게서 배우고, 무왕武王은 괵숙虢叔에게서 배웠다. 만약 전대의 왕이 이러한 스승을 만나지 않았더라면 어떻게 천하에 그 업적을 남기고 사서에 그 명예가 전해졌겠는가? 내가 선왕의 업적을 이어받았으나 그 지혜가 성왕과 같지 않으니 만약 사부가 없다면 어떻게 나라의 좋은 왕이 될 수 있겠는가?"라고 말하였다. 이로 인해 그는 '삼공삼소' 제도를 회복시킬 것을 주장하면서 황제 및 황가 자손의 교육을 강화했다.

(3) 훌륭한 스승을 신중하게 정하여 태자의 장점을 살리면서 단점을 보완하였다. 당태종은 일찍이 대신들에게 "천성적으로 타고난 성현聖賢을 제외하고는 일반 사람은 가르쳐서 변화시킬 수 있다. 따라서 옛날부터 태자의 선생은 선발하기 어려웠다. 성왕成王은 어려서부터 주공周公과 소공召公을 보부保傅로 삼고, 그 좌우에는 모두 현인이 있어 날마다 좋은 훈계를 들으니 인덕이 쌓여 비로소 성군聖君이 되었다. 진나라의 호해胡亥는 조고趙高를 부傅로 삼고 형법을 배워 그것을 계승했기 때문에 공신과 친족을 살해하여 결과적으로 순식간에 망하였다. 이로 알 수 있듯이 사람의 선악과 품성의 형성은 가까이 하는 사람의 가르침에서 영향을 받는다. 나는 오늘 태자, 제왕을 위해 신중하게

사부를 뽑을 것인데 반드시 예의와 품덕을 살펴 선생의 가르침이 태자 및 제왕의 장점을 살리고 단점을 보완하는데 유리하게 하려 한다(『정관정요·존경사부尊警師傅』)"라고 했다. 그는 "옛날부터 제왕의 자손은 궁전에서 태어나 민간의 질고를 알지 못하고 성인이 되어서도 자만한 성격이 사라지지 않아, 쉽게 쓰러지고 제대로 일어서는 경우가 드물었다. 따라서 황가자제에게 반드시 '엄한 교육'을 실시해야 한다. 그밖에 그들에게 옷과 음식은 쉽게 얻어지는 것이 아니고, 모든 사람이 매우 힘겹게 농사짓고 일한다는 것을 알게 하여 그들이 성인이 된 후 자만하지 않고 농사철을 놓치지 않도록 해야 한다. 당태종은 몸소 태자 및 모든 왕자를 훈계하면서 종종 사물의 비유를 들어 그 이치를 깨닫도록 했다. 예를 들면 배를 탈 때 그는 태자에게 "임금은 배요, 백성은 물이로다. 물은 배를 띄울 수도 있고 배를 전복시킬 수도 있다. 네가 임금이니 어찌 백성을 두려워하지 않겠느냐?(『정관정요·교계태자제왕敎戒太子諸王』)"고 훈계하였다. 이러한 교육은 모두 태자에게 사회를 이해하고 사리를 명백하게 하며 국가를 다스리는데 필요한 지식과 본령을 배우게 한 것으로 임금이 마땅히 지켜야 할 것들이다.

## 3. 잘못된 교육은 나라를 망하게 하고 신세를 망친다.

당태종은 훌륭한 황제로서 가정교육을 매우 중시했기에 그의 자손 중 출세한 사람이 적지 않았다. 예를 들면 당현종은 태종의 '정관의 통치'를 이어받아 '개원開元의 통치'의 국면을 열었다. 그러나 당현종은 선조가 남긴 교훈을 되새기지 않고 중도에 나태해져 후세의 교육에도 방임하여 '안사安史의 난'을 초래하였다. 그 후 당태종이 창건한 당왕조는 점점 쇠퇴하기 시작하였다.

당 후기에 이르러 당나라가 급격히 쇠퇴한 원인은 많지만 그중 황실 가정교육의 실패로 불손한 자손을 배양한 것도 그 원인 가운데 하나다.

예를 들면 당현종의 장자 이향李享 즉 당숙종唐肅宗이 좋아했던 '교학敎學'은 장기를 두는 것이었다. 안사의 난 때 당현종이 사천으로 도망가자 태자 이향은 혼란한 틈을 타서 천자의 자리에 올라 황제가 되었다. 국가가 존망의 시점에 놓여 있을 때, 숙종은 정사를 제대로 하지 않고 귀비 장량제張良娣와 실내에서 장기를 두었다. 당시 장기판은 금과 동으로 빛깔 좋게 만들었다. 그래서 금속으로 만든 장기판에 장기를 놓을 때 "쟁 쟁" 소리가 울려 퍼졌다. 만약 태평스러울 때 이러한 놀이를 즐기는 것은 크게 비난할 것이 안되지만 이 시기

중국의 전통 가정교육

는 바로 전쟁으로 세상이 어지러운 시기였다. 숙종의 승상 이필李泌은 장마가 계속되어 병사들이 굶주린 배를 움켜쥐고 장막에서 지내면서 원성이 높아지고 있는데 황제가 이와 같이 행동을 계속한다면 병변을 일으킬 수 있어 마외파馬嵬坡[10]의 위험이 다시 재현될 수 있다고 충고하였다. 그런데 숙종은 충고를 듣지 않고 여전히 장기 두는 것에만 몰두하였다. 단지 금동으로 만든 장기판을 제쳐두고 사람을 시켜 부드러운 '간수계干樹雞'라는 나무로 장기를 만들라고 하였다. 이로써 장기에서 나던 소리를 막았다. 그는 비록 나무로 만든 특별한 장기를 발명했지만 대신들은 그의 이러한 행위에 매우 불만을 가져 현종과 같은 결과를 만들 뻔했다.

또, 당 후기의 황실 가정교육에 축구를 포함시켜 축구에 열광하는 몇 명의 황제를 배양하기도 했다. 당 목종穆宗은 공을 가지고 노는 것을 매우 좋아했는데 『당서唐書』에 "축구를 하다가 축구공에 맞아 신하들을 삼일 동안 볼 수 없었다"고 했다. 그 아버지에 그 아들이라고 하듯이 목종의 아들 이담李湛은 부친처럼 날마다 축구를 하고 사냥을 하여 황제(즉 경종敬宗)가 된 후에도 여전히 축구를 하고 정사는 신경 쓰지 않았다. 뿐만 아니라 우매하여 백성을 착취했으므로 백성들의 불만이 많았다. 어느 날 그는 축구에 능한 관취灌醉와 축구를 하다 탈의실에서 아무도 모르게 죽임을 당하

10) 당현종이 양귀비를 데리고 마외파에 이르렀는데 여전히 노름에 빠져있었다. 병사들이 재상 양국충楊國忠을 죽이고 더불어 당현종을 핍박하여 양귀비에게 죽음을 하사하도록 조서를 내리도록 하였다.

였다.

　당대 중·후기의 황실 가정교육은 점점 쇠퇴하여 당문종 이앙李昻이 개별적으로 열심히 독서한 것 외에 공부하는 사람이 없었다. 당·후기의 외척과 환관들은 황가의 가정교육을 잘못된 길로 인도했다. 그들은 황가의 자손에게 올바른 것을 배우지 못하도록 했으며, 축구, 사냥, 장기, 닭싸움만 열심히 가르치거나 그들을 여색에 빠지게 했다. 따라서 황가의 자손을 무능력하게 만들어 그들이 외척과 환관의 조정을 받게 하였다. 외척과 환관들이 이렇게 한 것은 잘못된 가르침으로 우매한 '황제'를 만들어 자신들이 조정의 대권을 쟁취하고 권력을 마음대로 장악하기 위해서였다. 당 후기의 외척과 환관은 조정을 다스렸으며 이로써 내란이 빈번하여 황제는 유명무실해졌다. 문종 이앙은 의식적으로 조정의 환관집단을 처리하려고 했다가 결국 실패하게 되자 황제라는 이름 하에 죄수생활을 했다.


## 4. 당대 일부 관리의 가정교육


　수·당 시대는 중국 봉건사회의 전성기이다. 수나라 때부터 과거로 사를 뽑는 제도를 시행한 이후 중소 지주계층의 독서인에게는 관리가 될 수 있는 기회가 점점 많아졌고 연이어 정치적으로 업적이 있는 평민출신에서 관리가卿相 된 사람들이 많이 나타났다. 동시에 장기간에 걸친 과거제의 보급으로 관료정치제도가 점점 공고해져 "조정에 있는 관리는 대부분 독서인으로(『신동시神童詩』)" 문인들의 전성시대가 펼쳐졌다. 많은 독서인은 "어려서는 농사를 짓는 집 자식이었지만 커서는 공부를 하여 관리가 되었다(『신동시神童詩』)"라고 하였다. 그들은 자신의 자아를 실현하고 부귀영화를 누린 후, 자손에게 풍부한 재산을 물려주는 것이 아니라 독서를 하여 관리가 될 수 있는 것을 알려주었다. 그들은 몸소 "무신과 문신은 원래 정해진 것이 아니고", 과거제를 통하여 농사짓는 일에서 관리가 될 수 있는 새로운 길을 열어 준다는 것을 알았기에 가정교육을 강화해야 했다. 따라서 "자식에게 만금을 남겨주는 것을 어찌 하나의 경을 가르치는 것에 비교하겠는가?(『신동시神童詩』)"라고 말하거나, "모든 것은 하찮은 일이며 오르지 독서만이 가장 고귀한 것이다"라고 생각하여 관리 집안에서는 가정교육을 매우 중시하였다.

예를 들면 『신당서新唐書·방현령전房玄齡傳』에 따르면 방현령은 집안을 다스리는 법도가 있어 모든 자제들에게 사치하는 것, 군력에 의지하여 남을 학대하는 것, 시서를 읽지 않는 것을 두려워하도록 고금의 가훈을 모아 병풍에 써서 그들에게 각각 한 구절을 선택한 뒤, 좌우명으로 삼아 살아가도록 격려하였다. 당초의 공신도 이와 같았는데 당 중·후기의 관리가 된 집안에서는 더 말할 나위가 없었다.

한유韓愈가 쓴 행서行書

저명한 당대 문학가 한유韓愈는 관리의 집안에서 태어났다. 그러나 그는 3세 때 고아가 되어 어려운 유년시절을 보냈는데, 그의 사촌 형 한회韓會가 그를 길렀다. 형수의 정성어린 보살핌에 시서詩書를 배우고 날마다 수천 개의 문장을 암기했으며 육경六經과 백가百家의 학문을 두루 섭렵하여 25세에 진사가 되었다. 한유가 말한 학습경험을 보면 관리집안의 교육은 엄격했을 뿐만 아니라 학습방법을 매우 중시하였다. 그는 독서할 때 "입에서는 육예의 문장이 그치지 않았고 손은 백가의 책을 놓지 않았다"고 말하였다. 이것은 유가경전을 주요 학습내용으로 하고 동시에 광범위하게 백가의 책을 읽었음을 말한다. 그는 독서를 함에 오직 부지런히 해야 비로소 성과가 있을 수 있다고 생각하였다. 스스로 "밤낮으로 열심히 공부하며 몇 년이든 마음을 한 곳에 쏟아야 한다"고 했다. 그의 학습방법은 '도리를 논함에 반드시 그 요점을 말하고 이치를 논함에 반드시 그 깊은 뜻을 찾아내야 한다', '탐욕이 너무 많으면 얻지 못하며 크고 작은 것을 하나도 버리지 못한다', '가장 심오한 곳에 도취되어 그 심오함을 음미하고', '내면을 넓히고 표면적인 것을 버린다', '일은 근면함에서 이루어지며 노름에서 망한다, 행동은 사고함에서 이루어지고 방황함에서 훼손된다(『권학해勸學解』)'고 하였다. 그가 이와 같이 고귀한 경험을 쌓은 것은 어려서부터 받은 엄격한 가정교육과 무관하지 않다.

북경北京 공묘孔廟에 있는 진사비 비문

당대의 저명한 삼대 시인 가운데 백거이白居易는 관리의 집안에서 태어났다. 그의 부친 백계경白季庚은 일찍이 서주徐州에서 관리를 지냈다. 백거이는 부친을 따라 서주의 부리현符离縣[지금의 안휘安徽 숙현부리집宿縣符离集]에 임시로 거주하면서 훌륭한 문화교양을 배웠다. 시대가 혼란하여 그는 어려서부터 어쩔 수 없이 사방을 돌아다녔는데, 그의 발자취는 남으로는 소蘇, 항杭, 선宣, 요饒, 양번襄樊, 북으로는 한단邯鄲, 태항太行, 서로는 낙양洛陽, 장안長安에 이르렀다. 돌아다니는 기간에도 그의 부모는 여전히 엄격하게 그의 학업을 관리하고 가르쳐, 그가 열심히 독서를 하고 글을 쓰도록 했으며 더불어 과거시험에 도전하도록 하여 결국 백거이는 29세에 진사가 되었다.

당초 과거로 사를 뽑는 것이 관리 집안의 가정교육을 촉진시켜, 당말 관리 집안의 가정교육은 대부분 과거에 의해 좌우되었다. 그래서 '자식이 잘 되기를 바라는' 것이 가정교육의 이상이 되었고, 이에 가정교육의 목적과 내용은 점점 과거합격에 집중되었다.

## 5. 유빈柳頻의 가정교육

위진 이래로 세가대족과 평민집안寒門간의 명분다툼이 점점 심각해져 가문과 가문의 가정교육을 중시하는 분위기가 유행했다. 가문 가정교육의 공통점은 자손을 엄격하게 교육하는 것으로 자식으로 하여금 부업을 계승하도록 해서, 가족이 획득한 신분과 지위를 영원히 보존하도록 하는 것이었다. 당대에 이르러 이러한 분위기는 더욱 심해졌는데 당말 유명한 재상 유공작柳公綽가족의 가정교육이 대표적이다.

유공작이 재상이 된 후, 그 가족의 지위는 평민가족에서 세가대족으로 상승했다. 그는 가문교육을 매우 중시하여, 자손을 가르치는 것이라면 재산도 아까워하지 않고 교사를 초빙하여 유씨 후대가 과거를 통해 대대로 관리가 되기를 기대하였다. 그의 자손 유빈은 가정교육의 혜택으로 경에 능통하여 정종正宗의 비서로 선발되었다. 후에 붓글씨와 문리文理에 출중하여 좌복사左伏射라는 관직에 올랐다.

유빈은 조부의 영향을 받아 가정교육을 매우 중시했는데, 이러한 그의 가정교육은 세상에 널리 전해졌다. 그의 가정교육방법은 주로 가훈을 편집하는 방식으로 유씨 가족이 대대로 자녀를 엄격하게 관리한 가법을 종합한 것으로서 자손이 사치하는 것을 막고 음탕한 것을 경계하는 가풍을 수립했다.

계자서 중 유빈은 덕행과 교양을 가장 중시하였다. 그는 "원래 우리 집안은 배움으로 예법을 알았기에 사림士林으로 불렸으니, 다른 집안의 좋고 나쁜 예제를 거울삼아 바른 것을 취해야 한다. 상喪례가 혼란하면 집안이 기울어지는데 가업을 부흥시키는 것은 후세가 해야 할 일이다. 무릇 관리는 덕행과 문학을 뿌리로 삼고 정직과 강인함을 잎으로 삼아야 한다. 뿌리는 있되 잎이 없으면 얼마 동안은 살 수 있지만 잎은 있되 뿌리가 없으면 비료를 주고 물을 줘도 살아남을 수 없다. 효제, 우애, 충신, 독실한 행실은 음식으로 말하자면 식초, 간장과 같아 하루도 없어서는 안 된다(『유빈전柳頻傳』에 있는 『신당서新唐書·유공작전柳公綽傳』」고 하였다.

덕행과 문학을 집안을 세우는 근본으로 삼는 것은 관리士林집안의 특징을 정확하게 인식하고 장악한 것이다. 따라서 독서인이 과거로 관리가 되려면 반드시 덕성을 함양해야 하는데, 먼저 도덕적으로 고상한 사람이 되어야 하며 동시에 착실하게 학문을 해야 한다. 그는 무릇 명문세족은 조상의 예교를 본받아 덕행으로 세상에 서며 더불어 송곳으로 다리를 찌르고 상투를 천장에 매달면서 열심히 공부하는 정신과 노력으로 덕을 쌓고 학업을 성취하여 업을 이룬 뒤에야 비로소 명문세족 중 한 자리를 차지할 수 있다고 하였다. 가문이 높은 집안에서 태어난 후대는 종종 가정의 선배가 세운 가업을 하루 아침에 훼손하기도 하는데 주로 자손은 선조의 영예를 훼손하여 스스로 노력을 하지 않고 덕행을 수행하지 않으며 학업을 소홀히 해서 이것이 장기간 지속되면 교만하고, 사치하고, 방탕하고, 무질서한 좋지 않은 습관이 형성된다. 여기까지 이르면 가업이 망하지 않을 수 없다.

계자서에서 유빈은 고금을 통한 권문세족들의 흥망성쇠와 그 속에서의 경험과 교훈을 종합하고, 덕행과 학문을 중시한 가정교육의 성공사례를 예로 들어 덕교德教의 중요성을 설명하였다. 4대 명문가의 하나로 불렸던 최씨가문이 당시 다른 세족들과 병립할 수 있었던 것은 그들이 효제를 대대로 중시하고, 효제를 중심으로 한 가정교육을 후손에게 전하는 것을 가정의 중요한 일로 여겼기 때문이다. 최관崔瓘의 증조모는 나이가 많아 치아가 없었으므로 음식을 먹기 어려웠다. 최관의 조모는 손수 노인을 위해 밥을 지었는데 이로 인해 증조모는 몇 십 년 동안 알갱이가 있는 음식을 먹지 않았다. 상서尙書 배관裴寬의 자손이 홍성하고 가족이 번성하여 당시에 명문이 되었는데 그 비결이 바로 자손 대대로 훈계하여 충신을 근본으로 삼는 집안 분위기 때문이라고 하였다. 배관의 선인은 무측천武則天 때에 재상 위현동魏玄同과 자식의 혼약을 맺었다. 결혼을 하기 전에 위현동은 무고한 죄로 갇혔는데, 그 가족은 영남嶺南으로 유배되어 하루 아침에 몰락했다. 이러한 상황에서도 배관의 선인은 믿음을 사람 됨됨이의 근본으로 삼아 혼약을 취소하지 않았을 뿐만 아니라 오히려 위씨 가족이 몰락할 당시 위험을 무릅 쓰고 위씨 가족의 딸을 성대하게 맞이하였다. 유빈은 이와 같은 예들을 하나하나 들면서 각 가정마다 모두 자신의 집안을 세우는 근본이 있고, 자손이 가규와 가법을 엄격하게 지키도록 해야 비로소 집안이 쇠하지 않고 흥하는 것이라고 생각했다.

유빈은 계자서에서 가정 혹은 가족은 모두 개인으로 구성되어있기 때문에 각 개인은 모두 가정 혹은 가족의 발전을 도모하기 위해 덕행을 수행해야 한다고 했다. 그래서 그는 유씨 가족의 자손들은 처세원칙을 세워야 한다고 강조했다. 이것은 바로 각자가 뜻을 세움에 효제를 기초로 삼고, 겸손과 공손함을 근본으로 하며, 예의를 의무로 여기고, 근검절약하는 것을 규율로 삼아야 한다는 것이다. 이러한 네 가지 원칙을 지킬 때, 비로소 사치와 재앙을 피하고 가문의 영광이 오랫동안 유지된다는 것이다.

## 6. 책을 보면 이로움이 있다.

송조의 개국황제 조광윤趙匡胤과 조광의趙匡義는 태조와 태종으로 불리는데, 이들은 모두 책을 매우 좋아하고 황가의 가정교육을 중시했다.

전하는 바에 의하면 조씨 형제는 매우 열심히 공부했다고 한다. 조광윤은 병사를 데리고 전쟁을 할 때에도 항상 수레에 수 천 권의 책을 싣고 다니며, 전쟁 도중에도 틈틈이 공부할 수 있도록 준비했다. 따라서 그는 용기와 지혜뿐만 아니라 상황을 잘 파악하여 과단성 있게 처리했으므로 사병들에게 위엄과 명망을 얻었다. 후에 그는 문신장군들과 계책을 세워 진교병변陳橋兵變[11]을 일으켜 송 황제가 되었다. 그는 즉위한 후 특별히 조서를 내려 각 지방의 관민은 황궁의 사관에게 도서를 헌납하도록 했는데, 책을 헌납한 자 중 경학사원의 시험을 거쳐 합격한 자에 한하여 관직을 주었다. 남당을 멸망시킬 때에 그는 사람을 급히 강릉江陵

송宋 태조太祖
조광윤趙匡胤

11) 960년에 후주의 대장 조광윤이 개봉 북동쪽에 있는 진교역에서 병변을 일으켜 후주를 교체하여 송조를 수립하고 동경을 서울로 정하였다. 이 왕조를 '송宋'이라고 한다.

으로 보내 남당후주인 이욱李煜의 모든 장서를 몰수하고 곧바로 경성으로 보내 그에게 열독하도록 했다. 그는 황제가 된 후에도 매일 열심히 책을 보며 글쓰기 연습을 했다고 한다. 폭풍우가 몰아치는 어느 날, 그가 책상 앞에 앉아 글을 쓰는데 갑자기 책상 옆으로 천둥소리가 울리면서 벼락이 내리치는 데도 정좌하고 앉아서 조금도 두려워하지 않고 "책상이 비록 벼락을 맞았지만 글 쓰는 것을 멈출 수 없다"고 말하였다. 이러한 이야기는 지금까지 미담으로 전해지고 있다.

조광의도 그 형과 같이 독서를 좋아하였다. 그의 독서에 대한 흥미는 가정교육의 가르침에서 나온 것이다. 그의 조부는 일찍이 병사를 데리고 주현州縣을 공격했을 때, 금은과 같은 재물을 거두는 것이 아니라 다양한 고서를 수집하여 조광의가 열독하도록 했다. 조부의 엄격한 요구로 조광의는 젊었을 때 비교적 높은 문사文史를 수양했기에 지식이 풍부하고 문장도 매우 훌륭하였다.

조광윤이 임종할 때, 동생 조광의에게 그의 제위를 물려주었다. 조광의는 황제가 되어 더욱 문사에 열중해서 황제자손이 독서하는 것을 장려하였다. 태평흥국 년간에 그는 이예李銳 등에게 한대부터 송초 때까지의 소설, 필기筆記, 야사野史 등 약 500개를 편집하도록 명령했는데, 모두 1000권에 이르렀다. 이것이 『태평어람太平御覽』이다. '어람'이라는 것은 바로 황제가 읽는다는 의미이다. 또

그들에게 각종 야사 500권을 편집하도록 명령하여
『태평광기太平廣記』라고 했으며 더불어 전대의 문
장을 정선하여 1000권의 책을 만들어 『문원정화文
苑精華』라고 했다.

이 책은 모두 조광의가 좋아해서 읽었던 것이
다. 그는 매일 『태평어람太平御覽』 세 권을 보았다.
옛날의 책은 각 장을 길게 붙였는데, 그는 각 장을
접어서 보존하였다. 세 권의 책은 적은 양이 아님
에도 불구하고 그가 어쩌다가 사무가 바빠서 하루
에 세 권을 읽지 못하면 그 다음날 반드시 보충하
였다. 일년이 지나자 그는 둘둘 만 『태평어람太平御
覽』을 통독할 수 있게 되었다. 당시에 일부 대신들
은 그가 아침 일찍 일어나고 저녁 늦게 잠자리에
들며 전심전력하여 책 읽는 것을 보고 너무 열심히
하여 건강을 해치지 말라고 충고하였다. 그는 "책
을 펴면 유익함이 있는데 내가 책을 읽음에 어떤
수고로움을 알겠느냐?"고 말하였다. 이러한 이야기
는 송대 연벽지連辟之의 『승수연자록澠水燕資彔』에
기록되어 있다.

송태조 조광윤과 태종 조광의는 스스로 문사를
공부하고, 경의를 연구하는 것을 중시했을 뿐만
아니라 가정교육에도 솔선수범하여 위로는 공신
에서부터 아래로는 평민에 이르기까지 전국적으
로 좋은 독서 분위기를 형성하면서 가정교육과 학
교교육을 중시할 것을 제창하였다. 건륭3년乾隆3年
[962], 조광윤은 무신의 가정에서도 자제에게 독서

를 가르치도록 명령하여 치국의 도리를 알기 쉽도록 했다. 재상 조보趙普는 평소에 『논어論語』를 열독하고 이것을 자유자재로 활용하여 일에 막힘이 없었다. 그는 송태조를 보좌함에 자신이 배운 것을 응용하여 정치, 군사에 대한 계책을 세웠다. 따라서 '반권의 『논어』가 천하를 다스린다'는 말까지 생겼다. 건덕3년乾德3年[965], 송태조는 재차 "재상은 반드시 책을 읽어야 한다"고 강조했다. 이로 인해 천하에 책을 읽는 사람이 점점 많아졌으며 온 천하가 독서하는 분위기에 휩싸였다. 송태조와 송태종이 독서분위기를 제창함에 따라 문화와 교육이 흥하고 학술이 번영했으며 명문가 또한 배출되었다.

## 7. 조趙 황실의 가풍家風

송宋 태조太祖 조광윤趙匡胤 및 태종太宗 조광의趙匡義는 책을 목숨과 같이 아끼고 자녀의 문화와 교육을 중시하며, 원대한 뜻을 품으면서도 몸소 근검절약을 생활화했다. 이들은 이처럼 근검절약하는 것을 가법으로 여겨 특히 후인들의 칭찬을 받았다.

조씨 형제는 경사를 숙독熟讀하여 역대 황실이 망한 이유가 사치가 심했기 때문이라는 교훈을 잘 알고 있었다. 게다가 그들은 전쟁에서 온갖 고통을 몸소 경험하여 황제가 되었기에 근검절약할 수 있었다. 뿐만 아니라 솔선수범하여 후손들의 모범이 되었다. 이들은 검소하고 소박한 것을 조씨 가풍의 근본으로 삼았다.

『송조사실유원宋朝事實類苑』에 "태조는 늘 헤진 옷을 입고 다닐 정도로 몸소 근검절약하였다. 수레를 타거나, 음식을 먹거나, 또는 물건을 사용함에 있어서도 모두 소박하였다. 침실도 베로 짠 커튼을 드리우고 궁궐도 이러한 천으로 막았기 때문에 집안에는 화려한 색채로 장식한 것이 없었다"고 했다. 생활면에서도 이처럼 검소하여 사가에서 칭찬하는 수문제도 송태조보다는 못했다.

어느날 태조가 효장황후孝章皇后와 이야기를 하고 있는데 황후가 "관리의 집안에서 천자가 된 지 오래 되었는데 옛부터 지금까지 당신처럼 검소한 사람이 어디 있겠소. 황제는 천자로 귀한 몸인데 어찌 황금으로 몸을 장식하지 않고 그렇게 아끼는 것이오? 역대의 관례 좀 보시오"라고 말하였다. 태조는 웃으면서 "내가 궁전을 모두 금은으로 장식하고자 한다면 나는 그렇게 할 수 있소. 그러나 천하를 위해 재물을 지키고자 하는데 어찌 편안하게 향유할 수 있겠소? 옛 말에 한 사람이 천하를 다스릴 수는 있지만 천하 사람이 한 사람을 봉양할 수는 없다고 했소. 만약 천하의 재부를 자기가 탐욕스럽게 향유하려는 생각을 가진다면 어떻게 천하의 백성에게 사랑을 받을 수 있겠소? 부디 오늘부

중국의 전통 가정교육

터 이 일을 다시 거론하지 말아주시오"라고 말하였다. 황후는 황제가 이렇게 말하는 것을 보고 그 이후로 다시는 언급하지 않았다. 그리고 궁전에 있는 사람들도 근검절약을 숭상하며 사치를 멀리하였다.

한번은 그의 사랑하는 딸 위국장魏國長공주가 수를 놓아 옥으로 치장한 옷을 입고 있었다. 그는 이것을 본 후 엄하게 "네가 입은 옷을 당장 벗어서 나에게 줘라! 지금부터 다시는 이처럼 화려한 옷을 입지 말거라"고 했다. 공주는 자기 자신도 금과 옥처럼 귀하다고 생각했는데 이러한 옷이 어디가 화려한 것인지 몰라 즉시 "이 옷에 도대체 얼마나 많은 옥이 사용되었다고 그러시나요?"라며 퉁명스럽게 말하였다.

태조는 공주가 자신의 깊은 마음을 이해하지 못한다는 것을 알고 "그렇게 말해서는 안 된다. 우리 가정이 이러한 옷을 입으면 궁정 친척이 모두 따라할 수 있다. 따라서 서울의 옥 가격이 오르고 백성들이 이러한 이익을 쫓아 우매한 장사를 하게 되어 생명을 해칠 것인데, 이렇게 좋지 않은 결과가 너로부터 자초한 것임을 반드시 알아야 하지 않겠느냐? 너는 부귀한 집안에서 태어났으므로 반드시 부를 아낄 줄 알아야 하는데 어찌 나쁜 일이 너로부터 시작되게 하느냐?"며 훈계하였다. 공주는 이 말을 듣고 매우 부끄러워하면서 부친의 훈계에 감격하였다. 그 이후로 그녀는 소박한 옷만을 입었다.

조광의가 직위를 계승한 후, 형의 검소한 가풍을 이어받아 가정교육에서도 자녀에게 엄격하게 할 것을 중시하였다. 자녀의 선생과 그들을 보필할 관리를 뽑기 위해 그는 50세 이상으로서 경에 정통하면서 덕이 있고 모범이 될 만한 관원을 선발하도록 여러 번 명령하였다. 한 번은 아들의 스승에게 "아들이 궁정에서 태어나 세상일을 알지 못하니 반드시 현명한 선생이 인도하여 매일 충효의 도를 가르쳐야 한다. 당신들은 모두 내가 신중하게 선택한 스승이니, 각자 그 임무에 힘써 주시오"라고 훈화하였다.

그의 다섯 번째 아들 조원걸趙元杰은 익왕으로 봉해졌는데 응석받이로 자란 왕자를 잘 가르치기 위해, 특별히 면전에서 사람의 잘못을 지적할 수 있는 정직한 성품의 요탄姚坦을 스승으로 삼았다. 한번은 익왕이 많은 돈을 드려 매우 화려하게 인공산을 지었다. 그러자 많은 관료들이 익왕에게 잘보이기 위해 그를 칭찬하였다. 그러나 요탄은 오히려 정색을 하며 "단지 피로 쌓은 산이구나. 어찌 인공산이라고만 하겠는가?"라고 말하였다. 익왕이 크게 놀라며 급히 그 이유를 물었다. 요탄은 "밭에서 주현州縣의 감독관이 세를 거두는 것을 보았습니다. 세금을 아직 내지 못한 집에 가서 부모형제를 체포하여 관가로 보내 곤장을 쳤습니다. 그들은 온 몸에 피가 흘렀으며 남은 인생을 걱정

중국의 전통 가정교육

하였습니다. 이 인공산은 모두 백성의 세금으로
이루어진 것이니, 어찌 혈산이 아니겠습니까?"라
고 말하였다. 이 같이 예리한 비평에 익왕은 어찌
할 바를 몰랐다.

익왕의 관리로 있던 사람들은 요탄이 익왕을 매
번 매몰차게 훈계하는 것이 두려웠다. 그들은 요
탄이 익왕을 속박할 뿐만 아니라 궁전에 있는 사
람도 자유롭지 못하게 한다고 생각했다. 그러자
어떤 이가 꾀를 생각해내어 그에게 병을 핑계로
정사를 보지 말라고 하면서 그를 쫓아내려고 했
다. 이 사건을 조광의가 알아차린 후, 발칵 화를
내며 그들을 엄하게 문책했다. 그는 이러한 소인
들을 질책하며 "내가 현명한 사를 뽑아 왕의 신하
로 삼은 것은 왕이 선을 행하도록 함이다. 그런 그
가 오늘날 간언할 수도 없고 도리어 질책을 받으
니 나로 하여금 올바른 사람을 버리고 방임하라는
것이 어찌 될 말인가! 왕은 나이가 어려 이러한 것
을 알지 못하는데 오히려 너희 같은 연장자들이
모략하는구나"라고 말하였다. 그후 그는 요탄을
다시 불러 "경은 궁에 거주하며 많은 소인들의 질
투를 받으니 참 어렵겠구나. 내가 (사실을) 알고 있
으니 그런 말에 너무 신경 쓰지 말아라. 그런 말을
나는 듣지 않는다(『송조사실류원宋朝事實類苑』권2)"
고 하였다. 그는 요탄에게 민간의 질고를 알 수 있
도록 왕자를 가르치며 근검절약하고 백성을 아끼
는 것을 교육의 근본으로 삼도록 요구했다.

후손이 근검하고 소박하게 지내는 가풍을 유지하도록 하기 위해 조광의는 손수 황실 자손의 훈화를 모았다. 한번은 그가 황실 자손에게 "내가 즉위한 지 13년이 되었구나. 나는 근검·소박하여 외부적으로는 유람하는 즐거움, 내부적으로는 오락의 즐거움을 절제하였다. 사실 생활에 있어 허황된 장식이 없었다. 너희들은 부귀하게 태어나 오랫동안 궁전에서 생활하여 백성의 고통과 사람의 선악을 알지 못하니 그 걱정을 이 책에 설명하노라. 무릇 황제의 아들은 왕이 되면 먼저 스스로 정신을 가다듬도록 노력하면서 남의 의견을 잘 들으며 옷을 받을 때마다 누에를 기르는 부녀를 생각하고 밥을 먹을 때마다 농부를 생각하라"고 했다. 이렇게 근검절약으로 백성을 아끼도록 한 가정교육은 종실 자제에게 사치스러운 분위기를 제거하고 근검절약하는 분위기를 조성하는데 매우 중요한 작용을 했다.

## 8. 하나를 미루어 열을 안
## 송대 명신名臣의 가정교육

송태조는 문화와 교육을 중시하여 재상들은 반드시 독서인을 쓰도록 했다. 당시 관리집안의 가정교육은 과거시험에 응시하는 것을 주요 내용으로 하였기 때문에 가정교육을 중시하지 않을 수 없었다. 이러한 사회적 분위기로 과거제는 더 강화되었고, 이것은 송·원·명·청을 통해 장기간의 전통이 되었으며 영향 또한 매우 깊었다.

송대의 뛰어난 재상 범중엄의 가정교육은 매우 대표적이라고 말할 수 있다. 범중엄의 자는 희문希文으로 당대 재상 범리빙範履冰의 후예이다. 범중엄이 2살 때 아버지를 여의고 어머니는 주씨와 재혼하여 그의 성은 주씨를 따르고 이름은 설說이 되었다. 후에 그는 자기의 신세를 알고 눈물을 흘리며 모친과 계부를 떠나 멀리 응천부應天府[지금의 하남 상구남商丘南]에 도착하여 척동문戚同文을 스승으로 모셨다. 그는 생활이 매우 어려웠는데, 겨울에도 피로할 때는 찬물로 세수를 하며 밤늦게까지 공부하고 평소에 찌꺼기로 남은 죽을 먹으며 배고픔을 달랬다. 부자집 자제들은 그와 함께 배우기를 원하지 않았지만 그는 오히려 이러한 고통을 즐거움으로 삼았다. 그는 마음에 웅대한 뜻을 품었고 육경을 열심히 읽어 후에 유가경전에 정통하고 문장에도 뛰어나 우수한 성적으로 진사가 되었다. 범중엄이 관리에 오른 후, '천하의 근심을 먼저 걱정하고, 천하의 즐거움은 나중에 누린다'는 신념으로 송왕조를 위해 전심전력했을 뿐만 아니라 이것을 가정교육의 좌우명으로 삼아 그의 자손을 교육하였다. 예를 들면 그의 장자 순우純祐는 10세때 제자백가를 읽었고 매우 훌륭한 문장을 썼다. 그는 교육가 호원胡瑗이 소주蘇州에 설립한 지방관학을 촉진하기 위해 순우를 주학州學에 보내 그로 하여금 스승을 존경하고 열심히 공부하는 주학생들의 본보기가 되게 했다. 따라서 스승의 가르침을 존경하지 않던 소주에서 유학하던 귀족자제들의 악습을 바꾸었다. 당시 범중엄은 소주에서 관리로 있었는데 가정교육의 조건이 매우 좋았다. 그럼에도 불구하고 아들을 주학에 입학시킨 이유는 한편으로는 행동으로 호원이 주현 교육을 혁신하도록 지원한 것이며, 다른 한편으로는 자신의 가정교육으로 올바르게 관리하는 것을 보여준 것이다. 그의 아들 순우, 순인純仁, 순예純禮, 순수純粹는 모두 그의 가정교육을 받아 세상에 탁월한 업적을 세우고, 덕재를 겸비하여 모든 관리의 칭찬을 받고 다른 사람의 모범이 되었다. 특히 차남 순인은 범중엄을 신경써서 가르쳤을 뿐만 아니라 문하의 현명한 사인 호원, 손복孫夏, 석개石介, 이구李覯 등을 청해 순인을 성심성의껏 지도하도록 했다. 순인은 항상 밤늦게까지 공부했다. 여름에는 모기장안에 등을 켜놓고 공부했는데, 모기장 천장이 연기로 그을려 검은 색이 되곤 하였다. 후에 그는 진사가 되어 관직이 승상까지 이르러 평생 천하의 근심을 우선 걱정했던 부친의 품덕을 계승하고 청렴결백하고 근검절약하여 세상 사람들의 칭송을 받았다. 범중엄은 청렴결백하고 근검절약하며 사사로움이 없는 품성으로 관리집안에 적합한 가정교육을 했다. 후세의 대신 사마광司馬光 등도 『가

중국의 전통 가정교육

범家範』으로 그 자제를 훈계했는데 이 책의 많은
내용이 범중엄의 가정교육을 모방한 것이다.

소식蘇軾

송대의 저명한 문학가 소식蘇軾과 소철蘇轍이 비
범한 문학적 업적과 고상한 덕을 갖출 수 있었던
것 역시 그 부모의 가정교육과 깊은 관계가 있다.
그의 부친 소순蘇洵은 문사에서 '대소大蘇'라고 불
렀다. 그는 문장으로 천하에 유명했을 뿐만 아니
라 경사와 제자백가에 능통했는데 이것이 아들 소
식, 소철의 문화 교육에 좋은 환경을 제공했다. 소
식의 나이 10세 때 그의 부친이 여행을 떠나게 되
자 모친 정씨程氏가 그의 교육을 책임지고 유가경
전 외에 사서 및 선진 양한의 명가 예를 들면 노자
老子, 장자莊子, 한비자韓非子, 가의賈誼, 육가陸賈, 양
웅揚雄, 동중서董仲舒 등의 저작을 광범위하게 읽혔
다. 그 보다 두 살 어린 동생 소철도 모친의 지도
를 받았다. 후에 두 형제는 동시에 진사가 되었는
데 송인종宋仁宗, 송신종宋神宗이 그들의 문장을 칭
찬하고 장려하였다. 역사서에 따르면 신종은 궁중
에서 그들의 문장을 열독하고 감상했는데 음식이
와도 먹는 것조차 잊었다고 한다. 그리하여 사람
들은 소식 두 형제를 '천하의 인재'라고 칭찬했다
(『송사宋史 · 소식전蘇軾傳』). 소식은 타고난 성격이
강직하여 집권자와 자주 의견이 충돌했기에 지방
주현의 관리 밖에 못했지만 소철은 그 관직이 재
상에까지 이르렀다. 비록 이 두 형제가 관리를 함
에 직위의 높고 낮은 차이가 있었지만 둘 다 자녀

교육을 중시하여 모두 이 방면에서 업적을 쌓았다. 소식의 세 아들 소매蕭邁, 소태蕭迨, 소과蕭過도 문장이 훌륭했으며 모두 관리가 되었다. 소식은 손수 그의 아들을 교육했을 뿐만 아니라 그의 자손까지 가르쳤다. 예를 들면 그의 자손 소원노蕭元老는 어렸을 때 고아가 되어 가난했는데, 소식과 소철의 지도로 열심히 공부해서 후에 『춘추春秋』에 능통하게 되었고 문장 또한 잘 썼다. 당시 저명한 문학가 황정견黃庭堅은 일찍이 소원노를 알아 그의 문장을 세심하게 읽었다. 황정견은 원노는 '소씨의 수재'라고 경외했으며 이를 가르친 소식과 소철의 공을 칭찬하였다. 후에 소원노는 진사가 되어 관직이 국자박사, 태상소경太常少卿에 이르게 되자, 그의 시문 또한 세상에 널리 전해졌다. 보다시피 소씨의 가정교육은 문학을 매우 중시했다.

황정견簧庭堅

송대의 명신 가운데 가정교육을 중시하지 않은 사람은 없다. 그러나 명가의 가정교육은 성공과 경험이 서로 달랐는데, 이것은 관리 집안의 장손이 그 자녀에 대한 개성과 특징을 인식하는 것과 가르치는 방법이 달랐기 때문이다. 전하는 바에 의하면, 북송의 문학가 구양수歐陽修는 4세에 부친을 여의었기 때문에 모친 정씨가 손수 그에게 지식을 가르쳤다고 한다. 가정이 매우 가난하여 정씨는 억새줄기로 땅에 글씨를 쓰며 구양수에게 글자를 가르쳤다. 이러한 고사를 후에 사람들은 '율

방화획畫仿畫獲’이라고 불렀다.

남송의 명장 악비岳飛는 그가 태어나자 얼마 지나지 않아 부친이 수재水災로 죽었는데, 그의 모친도 집이 가난하여 모래 판 위에 글씨를 써서 그를 가르쳤다. 후에 그가 군대에 가게 되자 악모는 그의 등에 ‘충으로 나라에 보답한다’고 새겨 충군과 애국을 영원히 잊지 않도록 가르쳤다. 악모가 글자를 새긴 이야기는 수백 년 동안 사람들에게 회자되고 있다. 이것은 중국 고대 장군집안의 가정교육에 모범이 되었을 뿐만 아니라 중국인들의 애국주의 가정교육을 생동감있게 묘사한 것이다.


## 9. 왕단王旦의 가정교육법

북송시기의 명신 왕단(957～1017년)의 자는 자명子明으로 신현莘縣[지금의 산동山東에 속함]사람이다. 송태종 태평흥국太平興國년간에 진사가 되었고 조趙씨 가풍의 영향을 깊이 받았다. 개인의 도덕 수양을 중시했을 뿐만 아니라 가정에서의 자녀교육을 중시하면서 특수한 가정교육방법을 쌓았는데 후에 사람들은 이것을 왕단가정교육법이라고 불렀다.

왕단가정교육법은 세 부분으로 요약된다. 첫째, 관리는 근검절약하고 자식이 혼자 힘으로 생활할 수 있도록 가르치며, 둘째, 사람들과 화목하게 지

내고 말이 없는 가르침으로 집안 사람들을 감화시
키며, 셋째, 솔선수범하면서 자기계발을 잘 해야
한다는 것이다.

정치방면에서 왕단은 사람을 적재적소에 잘 썼
다. 그는 진종조眞宗朝 때 중용을 받아 재상으로 15
년 동안 일했는데, 관직이 일품재상까지 이르렀다.
그는 관직에 10여 년 동안 머물렀으므로 가정이
부유했지만, 평소에 무명옷을 입고 먹는 음식도
매우 소박하고 근검절약하여, 지위가 낮은 관리들
이 그와 같지 못함을 한탄했다. 그의 집은 매우 남
루하여 겨우 바람과 비를 피할 수 있었고 어떤 치
장이나 장식도 없었다. 송진종이 그의 남루한 방
을 보고 그에게 수선해주겠다고 하자 그는 사양하
면서 이것은 조상이 남겨준 저택으로 훼손할 수
없다고 하여 송진종도 그의 뜻을 받아들였다. 노
년에도 그의 침상은 오래된 깔개, 덮개, 헤진 이불
을 사용하여 집안 사람들이 다시 수선하고자 했으
나 그는 끝내 거절하였다. 그의 이러한 생활태도
때문에 집안 사람도 매우 검소하여 거친 베옷을
입고 다녔다. 관가에서도 일을 행함에 매우 청렴
하여 봉록에서 남는 부분은 친구를 돕는데 사용하
였다. 그는 자손을 위해 논밭과 집을 마련하는 것
을 조금도 고려하지 않았다. 그는 자손에게 "자손
은 자립하는 것이 마땅한 것인데 어찌 논밭과 같
은 재물이 필요하느냐. 개인의 이익을 도모하고
재물을 위해 다투는 것은 불의로다"라고 가르쳤

중국의 전통 가정교육

다. 자손들은 자기 힘으로 생활해야지 조상의 업적에 기대서는 안 된다는 것이다. 그가 이렇게 한 것은 자손이 사치하는 악습을 막기 위한 것이었다. 한번은 진종이 백금 50냥을 가지고 와서 왕단의 집안을 도우려고 했다. 그러나 그는 오히려 감사의 글을 올리면서 "많은 것을 쌓아두는 것이 두려운데 이것이 쓸모가 있겠습니까?"라고 하여 그는 원래대로 (백금 50냥을) 돌려주었다. 진종은 이러한 감사의 글을 읽고 감동하여 눈물을 흘렸다.

집안을 다스리고 자식을 가르치는 면에서 왕단은 오만한 자세를 취하지 않고 무뚝뚝한 표정을 짓거나 함부로 명령하지 않으면서 화목하게 지냈다. 설령 집안 사람과 자제들이 잘못할 지라도 그는 한마디도 하지 않고 잘못한 일을 그 스스로 깨닫게 했다. 그래서 집안 사람과 자제들은 그가 화내는 것을 볼 수 없었다. 한번은 아들이 요리사가 주방의 고기를 반만 사용하니 요리사를 혼내주라고 말하였다. 왕단은 "네가 보기에 몇 근이냐"고 물었다. 아들이 "한 근입니다. 요리사가 반을 사용했습니다. 그래서 우리들이 고기를 실컷 먹을 수 없습니다"고 대답했다. 왕단은 그들에게 "그러면 이후 한 근 반을 사거라"라고 말한 후 아무렇지도 않은 듯이 서재로 들어갔다. 요리사는 나중에 이 일을 듣고 매우 부끄러워하며 "소인이 잘못했습니다. 재상의 마음이 넓어 그 속에 배를 띄울 수 있다는 말은 거짓이 아니군요"라고 말했다.

겨울이 되면 집집마다 조상에게 제사를 드렸는데, 이때에도 왕단은 조상에게 효도를 다했으며 조정에서도 중신으로서 이러한 예법을 준수하였다. 어느 겨울, 왕단은 조정의 정사가 너무 바빠서 제 시간에 맞춰 집으로 돌아올 수 없었다. 그에게는 성격이 난폭한 동생이 있었는데 형이 제사에 늦은 것에 원한을 품고 사당 앞에 차려놓은 각종 제기를 부수고 음식과 술을 땅에 뒤엎었다. 집안 사람들은 너무 놀라고 두려워 어찌할 바를 모르며 아무리 관대한 왕단일지라도 이런 모습을 본다면 화를 낼 것이라고 생각했다. 그러나 왕단이 집으로 돌아온 후, 마치 아무 일도 없던 것처럼 동생을 쳐다보지 않고, 다만 옷섶만을 가다듬고 방으로 들어갈 줄 누가 알았겠느냐. 동생은 형의 관대한 태도에 매우 감동을 받아 급히 무릎을 꿇어 자신의 잘못을 뉘우쳤다. 이때부터 동생은 잘못된 것을 바르게 고쳤는데, 왕단은 이 일을 꾸짖지 않았을 뿐만 아니라 그 뒤로 다시 언급하지도 않았다. 이러한 무언의 가르침은 잘못을 저지른 동생이 스스로 자기의 잘못을 인정하고 반성하도록 한 것으로 확실한 효과를 거두었다.

왕단이 정사가 바빠 집안일을 동생 왕욱王旭에게 처리하도록 했는데 한번은 동생이 다른 신하들이 옥대를 차고 다니는 것을 보고 형을 위해 형의 의사를 물어보지도 않고 옥대를 샀다. 왕단은 동생의 성의를 알고 동생이 근검하지 않은 것을 비난하지 않았지만 옥대를 동생의 허리에 채우며 부드럽게 말했다. "너는 내가 찬 멋있는 옥대를 볼 수 있느냐"라고 물었다. 동생은 "제 허리에 찬 것을 어떻게 볼 수 있나요?"라고 말했다. 왕단은 웃으면서 "내가 무거운 것을 차서 다른 사람이 좋다고 한다면 이것은 쓸데 없는 수고가 아니겠느냐"라고 말했다. 동생은 매우 부끄러워 바로 옥대를 환불했다. 이렇게 사람을 순순히 타일러서 그 잘못을 뉘우치게 한 것은 좋은 교육방법이라고 할 수 있다.

임종 전에도 왕단은 자제들에게 근검절약하는 것을 잊지 않도록 가르쳤다. 그는 "우리 집에 좋은 명성과 덕이 있으려면 검소하여 가문을 지키고 사치하지 말아야 한다. 금옥으로 관을 짜서 후한 장례를 치르지 말거라"고 아들에게 유언하였다. 유언을 써놓고도 그는 여전히 마음을 놓지 못하고 자식들이 그가 하려고 한 일을 그대로 하지 않을까 걱정이 되어 절친한 친구 양소楊素를 불러서 그가 죽으면 친히 그 시신을 화장해줄 것을 부탁하였다. 이렇게 해야 자제들이 풍속에 구애받지 않고 돈을 낭비하지 않기 때문이다.

왕단이 죽은 후 자제들은 그를 위해 비석을 세웠는데 송인종이 친필로 '훌륭한 덕을 겸비한 원로元老의 비'라고 써서 그의 덕을 기렸다.

# 10. 주희朱熹의 가정교육

주희朱熹

주희의 전신상

주희(기원 1130~1200년), 자는 원회元晦 이름은 중회仲晦, 만년의 호는 회옹晦翁, 둔옹遁翁, 운곡노인云谷老人, 창주병수滄州病叟 등이다. 그는 고대 봉건사회에서 공자의 뒤를 이어 통치적인 지위를 가진 대사상가이자 대교육가이다. 그는 송대 이학을 집대성하여 송·원·명·청의 모든 통치자들이 숭배했으며 중국 봉건사회 후기의 문화, 학술, 사상, 교육 등에 중대한 영향을 미쳤다.

앞서 언급한 송대의 뛰어난 인물들처럼 숭고한 학술적 지위를 주희가 이룰 수 있었던 것은 그가 다른 사람보다 뛰어난 학술적 성과가 있었기 때문이다. 이처럼 뛰어난 학술업적을 성취할 수 있었던 것은 개인의 천부적인 재능과 노력 외에 어렸을 때부터 좋은 가정교육을 받았기 때문이다.

대대로 조정에서 관리를 한 그의 집안은 세상 사람들이 인정하는 학자집안이다. 그러나 그가 태어날 때 가세가 이미 몰락해, 부친은 관직을 잃고 집에서 학생들을 가르치는 것을 업으로 삼았다. 이렇게 하여 그는 부친의 지도 아래 엄격하고 체계적인 문화와 도덕훈련을 받았다. 그는 5세 때, 『효경』을 읽기 시작하고 7세 때 팔괘八卦의 추리연역에 매우 관심을 가졌다고 한다. 9세 때 성현의 학문을 배우기 시작했는데, 『맹자』라는 책을 읽고 성현의 포부를 굳게 다졌다. 10세 때는 『대학』, 『논어』, 『맹자』 등 유가경전을 대략 알았다. 그의 부친 주송朱誦은 북송의 저명한 유학가 정호程顥, 정이程頤의 제자인 나종언羅從彦의 학생으로 나종언은 주희에게 유가경전을 가르쳤을 뿐만 아니라 동서고금에 존재하는 흥망성쇠의 역사를 가르치고 그가 민족의 흥망에 관심을 갖도록 교육하고 배양했으며, 강한 것에 맞서 반드시 이길 수 있는 사상과 신념을 수립하게 했다. 주희가 14살 되던 해 부친은 병으로 죽었다. 임종전 유언으로 주희에게 호원중胡原仲, 유치중劉致中, 유언충劉彦冲을 스승으로 삼도록 했다. 이 세 사람은 부친의 절친한 친구로서 모두 이정의 이학에 깊은 조예가 있었다. 후에 주희는 이 세 사람의 정성된 가르침으로 학업이 빠르게 진보하여 그 후 4년이 지난 뒤 뛰어난 성적으로 거인擧人에 합격하였다. 그 다음 해 서울에서 회시會試시험에 응시하여 쉽게 진사시험에 장원으로 합격했는데, 당시 그의 나이가 19세였다. 따라서 이 젊은이는 학자의 대열에 들어가 지방관으로 지내며 짧은 시간 동안 환장각煥章閣의 대제待制이자 시강侍講으로 황제에게 『대학』을 강의했다.

주희는 원대한 정치포부와 탁월한 정치적 재능으로 지방정치에 온 힘을 다했으며 조정의 폐단을 개혁하여 나라를 부강하게 만들고 금나라 정권의

송대宋代 유명했던
백록동서원白鹿同書院

침입을 막아 국가를 통합할 것을 강력하게 주장하였다. 그는 국가와 백성을 위해 자신의 몸을 돌보지 않고 조정에 상서를 올려 조정의 폐단을 비판하고 황제에게 도덕수양을 강화할 것을 간언했는데, 그때 조정의 권력자들로부터 배척과 비난을 받았다. 비록 그는 큰 관리가 되지 못했지만 몇 십 년을 하루 같이 온힘을 다해 주현 학교를 발전시키고 서원을 건립하여 천하의 영재를 교육했으며, 수천 명의 품성과 재능을 겸비한 국가 관리와 학술 인재를 배양하였다. 동시에 그는 커다란 열정과 의지력으로 학술연구에 종사하여 많은 서적을 편집했고, 송대 이전의 유학을 체계적으로 정리하고 종합하여 저술한 문장이 모두 100권, 강학한 것을 기록한 것이 80권, 그밖에 부록이 10권이나 되었다. 그가 섭렵한 지식의 범위는 넓고 저술도 많았으며 발표한 사상 또한 풍부했는데 이것은 봉건사회의 학자 중에서 매우 보기 드문 업적이다.

주희는 정치, 교학, 저술로 바쁜 삶 속에서도 가정교육을 매우 중시하였다. 자녀를 교육하는 많은 편지를 썼을 뿐만 아니라 가정교육에 대한 이론을 체계적으로 제시하여 손수 관리집안 가정교육의 교재로 사용한 『소학서小學書』, 『가례家禮』, 『계몽啓蒙』 등의 저작을 편집하였다. 그의 가정교육이론은 매우 풍부하여 지智, 덕德, 체體 등과 관련하여

언급하지 않은 것이 없을 정도로 다방면에서 후세
에 많은 영향을 미쳤다.


## 11. 가규家規와 가법家法

과거에 우매하게 행했던 효행은 송대 이후 대다
수 평민들에게 다시 영향을 주기 힘들었다. 그러
나 가정의 자제들을 통제하고, 가정의 예제를 강
화하기 위해 다양한 가규와 가법이 출현하기 시작
했다.

먼저, 가규와 가법은 관리 집안인 봉건 대가정과
가족들에게 보급되었다. 예를 들면 사마광의 『가
범家範』은 관리집안에서 대대로 전해졌다. 남송의
재상 조정趙鼎은 그 자손들에게 이 책을 적어 영원
한 법도로 삼게 했다. 가규와 가법은 봉건가정의
예 사상을 일관한다. 주희는 사마광의 『가범』가
운데 특히 「거가잡의居家雜儀」를 토대로 번잡한 가
정 예제와 예의 규범을 제정하였다. 이것이 바로
훗날 평민들에게까지 널리 전해진 『가례家禮』이다.
『가례』는 관례冠禮, 혼례婚禮, 상례喪禮, 제례祭禮 등
의 의례에 대한 내용을 구체적으로 규정한 것이
다. 동시에 남녀를 막론하고 어렸을 때, 모두 『효
경』, 『논어』를 반드시 읽게 했고, 여자들은 『열녀
전列女傳』, 『여계女誡』의 책을 더 읽도록 강조했다.
『가례』와 『동몽수지童蒙鬚知』 및 『소학』 등의 서적

들은 비천하고 나이 어린 사람들을 다방면에서 구속했고, 내용적으로는 평민집안의 생활 및 노동의 요구와 기본적으로 일치했으며, 각각의 규율과 예의는 매우 상세하였다. 그래서 이것은 평민집안의 가규와 가법의 주요한 근거가 되었고, 오랫동안 평민 집안의 가정교육교재로 자리 잡게 되었다.

가규와 가법은 한漢·위魏에서 당唐·송宋 때까지 관리집안에서 계승해 내려오던 가훈이다. 예를 들면 정현鄭玄의 『계자서』, 반소班昭의 『여계女誡』, 제갈량의 『계자서』, 안지추顔之推의 『안씨가훈』, 당대의 『태공가정교육』, 유공작柳公綽에서 유빈까지의 『유씨세범柳氏世範』 등은 모두 가규와 가법의 의의가 있다. 송대에 이르러 가규와 가법은 '가훈', '세범世範', '가범'의 형식으로 다양해졌는데, 예를 들면 원채袁采의 『원씨세범袁氏世範』 사마광의 『가범』, 조정趙鼎의 『가훈필록家訓筆彔』, 육유陸游의 『가훈』 등은 각 항목마다 매우 상세하고 그 요구가 엄격했다. 송대 이후의 가규와 가법은 예를 들면 명대 방상붕龐尙鵬의 『방씨가훈龐氏家訓』, 양계성楊繼盛의 『초산유촉椒山遺囑』(『충민공가훈忠愍公家訓』), 하심은何心隱의 『가훈』, 곽도霍滔의 『곽위애가훈霍渭崖家訓』, 청대 장영(張英)의 『총훈재어聰訓齋語』, 장백행張伯行의 『가규류편家規類編』 및 『규중보감閨中寶監』 등으로 이들은 모두 관리집안의 가규와 가법의 모델이자 교재였다.

가규와 가법의 교육은 일반적으로 매월 초하루

와 15일에 행했는데 어떤 사람은 매일 가족 전체를 불러 이른 아침에 교육했다. 예를 들면 육구소陸九韶 집안은 매일 『가훈』을 읽었는데 "아침이 밝으면 가장이 자손들을 불러 선조의 사당에 가서 선조를 본 후 북을 치면서 『가훈』을 낭송하여 그것을 듣게 했다(『송사宋史·육구소전陸九韶傳』)"고 했다. 만약 자제가 『가훈』을 어기면 바로 가법의 엄한 징벌을 받았다. 곽도의 『곽위애가훈』명문에는 "자손이 잘못을 하면 음력 초하루와 보름에 사당에 가서 모든 죄를 알리고 초범은 곤장 10대, 재범은 20대, 삼범은 30대를 맞았다"고 규정되어 있다. 또한 진욱陳旭은 "종족 천 여 사람이 가법을 대대로 지키고 부지런히 효도하여 쇠하지 않았으며, 규방은 가정보다 엄숙했다(『송사·효의전孝義傳』)"고 하였다. 이러한 지주 대가족뿐만 아니라 일부 '농가'의 대가정에서도 이와 같았다. 예를 들면 "운주鄆州 수성현須城縣 사람인 장성자張誠者는 집안이 가법을 지키면서 6대가 같이 살아 무릇 집안 사람만 117명이었는데, 집 안 밖으로 쓸데없는 소리가 없었으며 옷 입는 것도 차별이 없었다. 매일 아침에 가장은 당에 앉아서 자제에게 일을 분담했는데 열심히 하지 않는 자가 없었다(『송조사실유원宋朝事實類苑』53권)"고 했다. 또 예를 들면 "회계會稽의 백성 구승순裴承詢은 19세대가 함께 살았다 … 비록 종족끼리 따로 살았을지라도 한 마을에 있었다. 세대마다 한 명의 지도자를 뽑아 일이 있을

때는 함께 결정하고, 결정된 일에 대해 모두 따랐
다. 죽비竹算를 대대로 전해, 범죄자가 있으면 족장
은 이것으로 처벌했다(『연익이모록燕翼詒謀录』4권)"
고 했다. 가규와 가법의 교육과 관리로 가정은 마
치 임금이 정사를 보는 관아처럼 엄숙하였다.

명·청 두 시대에 가규와 가법의 교육은 송대보
다 중시하여 국가의 법률로 사회를 교화하고 관리
하는데 부족한 부분을 보충하였다.

## 12. 당·송시기의 몽학蒙學교재

중국 고대에는 가정교육을 중시했을 뿐만 아니
라 가정교육 교재의 편찬도 중시하였다. 가정교육
은 글자를 익히는 계몽교육을 기초로 했기 때문에
몽학교재의 편찬은 사람들이 보편적으로 관심을
가지는 대사였다.

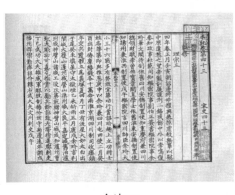

송사宋史

중국 고대 가정교육 발전사를
전체적으로 살펴보면, 서주 혹
은 그 보다 이른 시기에 통치자
들은 이미 가정교육교재를 편찬
하기 시작했다. 몽학교재의 편
찬은 선진시기에 매우 중시됐지
만 전해지는 것이 많지 않았다.
한·위·육조시기에 몽학교재의
편찬과 응용이 널리 보급되어 많

중국의 전통 가정교육

은 경험을 축적했다. 당·송시기에는 가정교육이 매우 발달하여 몽학교재의 편찬에도 커다란 성과가 있었다.

　요약하자면 당송 이전에 편집·보존해서 전해지는 것은 이사李斯의『창힐蒼頡』, 조고趙高의『애력愛歷』, 호모경胡母敬의『박학博學』으로 대부분의 내용은『사주편史籒篇』에서 취한 것이다. 한초에 마을의 서사書師는 평민집안의 글자 익히기 교재를 종합하여『창힐편蒼頡篇』이라고 했다. 그후 사마상여司馬相如의『범장편凡將篇』, 사유史游의『급취편急就篇』, 이장李長의『원상편元尙篇』, 양웅揚雄의『훈찬편訓纂篇』, 가방賈魴의『방희편滂喜篇』, 장읍長揖의『비창埤蒼』, 채옹蔡邕의『권학勸學』,『성황편聖皇篇』,『황초편黃初篇』,『여사편女史篇』, 반고班固의『태갑편太甲篇』,『재석편在昔篇』, 최원崔瑗의『비룡편飛龍』, 주육朱育의『유학幼學』, 번공樊恭의『광창廣蒼』, 육기陸机의『오장吳章』, 주흥사周興嗣의『천자문千字文』, 속석束晳의『발몽기發蒙記』, 고개지顧愷之의『계몽기啓蒙記』및『잡자지雜字指』와『속어난자俗語難字』등이 있다. 이러한 몽학교재는 황가와 관리 집안 자제들의 글자습득을 목적으로 편집된 것으로 '소학(즉, 글자 익히기)' 교재에 속한다. 어떤 것은 교학과정 중 끊임없이 도태되기도 하고, 어떤 것은 황가에서 개인이 소장하거나 관리 집안에서 대대로 전해 내려오기도 했다. 오늘날까지 전해지는 것은『급취편』과『천자문』두 편이다. 그중『천자문』은

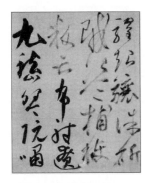
당대唐代의 천자문권千字文卷

편집이 뛰어나다는 장점 외에 남북조시기의 양나라 사람 주흥사周興嗣가 편집할 때 왕희지王羲之의 유서 가운데 서로 다른 1000자를 탁본한 것으로 붓글씨와 글자 익히기가 서로 결합되어 소학교육의 목적과 요구에 적합하다는 특징을 갖고 있다.

당·송 이후 과거제도의 보급으로 평민집안의 문화교육이 발전하여 몽학교재의 종류는 단순히 글자 익히기 교재에서 점점 확대되어 종합지식형, 도덕교육형, 독서능력 향상형, 아동의 성정 도야형 등으로 다양해졌다.

글자 익히기를 중심으로 한 종합지식형 교재로는 『개몽요훈開蒙要訓』, 『백가성百家姓』, 『삼자경三字經』, 『대상식자對相識字』, 『문자몽구文字蒙求』와 '잡자雜字'서 등이 있다. 『개몽요훈』은 당과 오대에 널리 전해졌는데 모두 1400자로 된 사언율구로서 자연명물, 사회명물, 의복침구, 신체의 질병, 각종 도구 등의 내용을 차례대로 소개하였다. 사용된 문자는 대부분 생활 상용자로 후세에 잡자서 편집에 영향을 미쳤다. 『백가성』은 한족 성씨를 모아 만든 사언율구로 된 몽학교재로서 북송 때 완성되었다. 『삼자경』은 송대 왕응린王應麟이 편집한 것으로 전해지는데 후에 명·청의 육속陸續이 보충하여 청초에 1140자가 되었다. 세 글자가 한 구를 이루어 인생에서 교육의 중요함, 삼강오상십의三綱五常十義, 오곡육축五穀六畜, 사서오경四書五經, 역대의 사상 및 역사적으로 근면하게 공부하여 '부모를 영광스럽게 하고 자신의 이름을 빛낸' 사례 등을 소개하고 있다. 이 책은 그 내용이 광범위하고 구성방식도 생동감이 있으며 언어도 통속적이어서 고대 중국의 몽학 교재가운데 가장 유명했다. 이것의 영향을 받은 것으로『문자몽구』가 있다. 이것은 청초 교육가 왕균王筠이 허신許愼의『설문해자說文解字』에서 상용하는 2000여 자를 선택하여 편집한 것이며 한자 구성법으로 글자 익히기를 유도한 교재였다. 송말에 출현한『대상식자』는 그림문자로 된 글자 익히기 교재이다. 실제로 사용된 잡자서[12]는 과거에도 있었지만 그림으로 글자를 대조하여 직관교육을 중시한 효과적인 글자 익히기 책은『대상식자』가 처음이라고 할 수 있다. 후에『삼자경』,『천가시』등도 이러한 류의 책을 모방했는데, 과거보다 그림과 글이 풍부하고 다채로워졌다.

봉건 윤리도덕을 중심으로 한 몽학교재로는 오랫동안 사용한『효경』,『논어』외에 당대에 작가 미상의『태공가정교육太公家敎』, 송대 주희의『소학』, 여조겸呂祖謙의『소의외전少儀外傳』, 여본중呂本中의『동몽훈童蒙訓』, 정약용程若庸의『성리자훈性理字訓』등이 있다. 이러한 몽학교재가 후세에 미친 영향은 매우 컸다. 예를 들면 명대의 여득승呂得胜의『소아어小兒語』, 여곤呂坤의『속소아어續小兒語』, 주승휘朱昇彙가 편집한『소사서小四書』,[13] 청대 이육수李毓秀의『제자규弟子規』, 왕상휘王相彙가 편

12) 상용자로 된 여러 사물의 이름으로 하나의 운문을 지어 암송하기 편리하게 한 것이다.

13)『소사서』는 방봉진方逢辰의『명물몽구名物蒙求』, 진력陳櫟의『역대몽구歷代蒙求』, 황계선黃継善의『사학제요史學提要』및 정약용의『성리자훈』이 있다.

14) 『여사서』는 반소班昭의
『여계女誡』, 당송 약신
若莘의 『여논어女論語』,
명나라 성조의 황후 서
씨徐氏의 『내훈內訓』과
왕상王相의 모친 유씨
의 『여범첩록女範捷彔』
이다.

집한 『여사서女四書』[14] 및 널리 전해지는 『석시현
문昔時賢文』, 『성훈광유聖訓廣諭』 등이 있다. 이것은
'삼강오상三綱五常', '삼종사덕三從四德', '예의염치禮
義廉恥' 등 봉건윤리도덕의 선양을 주요내용으로
한다. 이러한 책은 북방 소수민족이 민족의 언어
로 번역하여 사용했으며 일본, 조선 및 동남아 국
가와 지역에도 널리 전해졌다.

　사회와 자연 상식을 중심으로 한 몽학교재도 매
우 많다. 당대의 『토원책兔園册』을 시작으로 이것
을 계승한 이한李翰의 『몽구蒙求』 등이 있다. 『토원
책』은 당대 우세남虞世南이 황실자제의 학습을 위
해 편집한 것으로, 오대 때 향촌의 숙학塾學에서도
광범위하게 사용하였다. 『몽구』 역시 당나라 때
고위층 통치자의 가정교육 교재였는데 대부분이
역사이야기로, 각 구절은 네 글자로 상하 대구를
이루며 각각 역사인물 또는 전설상의 인물과 관련
된 이야기이다. 예를 들면 광형匡衡이 벽에 구멍을
뚫은 이야기, 손경孫敬이 두문불출하고 공부한 이
야기, 손강孫康이 눈에 반사된 빛으로 공부한 이야
기, 차윤車胤이 반딧불로 공부한 이야기 등이다. 송
대 이후에는 『몽구』와 비슷한 종류의 책이 잇따라
나왔다. 예를 들면 『십칠사몽구十七史蒙求』, 『광몽
구廣蒙求』, 『서고몽구敍古蒙求』, 『춘추몽구春秋蒙求』,
『역대몽구歷代蒙求』, 『명물몽구名物蒙求』 등이다. 명
말 정등길程登吉이 편집하고 청대 추성맥鄒聖脉이
주석한 『유학경림幼學瓊林』은 일찍이 청대 때 전국

에 유행했으며 그 영향도 매우 깊고 넓었다. 『유학경림』은 간략하게 『유학幼學』이라고도 부르는데 원래 『유학수지幼學須知』, 『성어고成語考』와 『고사심원故事尋源』 등으로 불렀다. 이것은 모두 4권으로 내용에 따라 천문, 지리, 인사人事, 조수鳥獸, 화목花木 등 30여 종으로 배열하여 편집하였다. 이것의 업적은 당·송을 뛰어 넘었지만 그 토대는 바로 당·송에 있다.

독해능력을 향상시키는 취미용 도서로는 송대 호계종胡継宗의 『서언고사書言故事』가 맨 처음으로 편찬되었는데, 후에 이와 비슷한 교재가 많이 생겼다. 예를 들면 원대 우소虞紹의 『일기고사日記故事』, 명대 소량우蕭良友의 『몽양고사蒙養故事』(후에 양신쟁楊臣諍이 증보하여 『용문편영龍文鞭影』이라 하고 상, 하권으로 만들었다), 청대 이휘길李暉吉 등이 편집한 『용문편영이집龍文鞭影二集』, 정유미丁有美의 『동몽관감童蒙觀鑒』, 그밖에 『이십사효도설二十四孝圖說』 등 봉건윤리강상 이야기를 중심으로 한 재미있는 도서가 많았는데 모두 끊임없이 평민가정의 소학과 숙학에서 사용되었다.

그밖에 아동의 성정性情을 도야하는 것으로 시가詩歌 도서가 있다. 가장 저명한 것으로 『천가시』와 『백가시』가 있는데 이것은 당·송시기 시인들의 작품을 골라 편집한 것으로 지금까지 전해지고 있다.

# 제4장 원元·명明·청淸시기의
가정교육

청대淸代의 흠정사고전서欽定四庫全書

# 1. 원·명·청시기 가정교육의 특징

원·명·청은 중국의 봉건사회가 쇠퇴기로 접어든 시기다. 봉건통치 계급이 사상통제를 강화하기 위해 잔혹한 진제통치와 경제적 착취 정책을 펴고자 할 때 사회의 기본조직 예를 들면 보갑保甲, 촌사村社 등의 설치를 강화하였다. 그리고 가족의 족권이 가정구성원의 언행을 주관하도록 강화했다. 송·명 이학가의 '제가齊家', '치국治國' 사상에 비추어보면 '수신修身'을 수단으로 하는 '제가' 가정교육은 국가정치질서와 사회윤리 도덕질서를 공고히 하는 것과 밀접하게 관련되었고, 원·명·청시기에는 '천리를 보존하고 인욕을 없앤다'는 금욕주의 가정교육이 특징이었다.

원세조元世祖

원대에는 사학社學을 설립하기 시작하였다. 사학이란 사회의 기본조직을 중심으로 한 정교합일 조직으로서 이것은 혈연관계로 된 가정이나 가족이 결합하여 조직된 것으로 주로 봉건윤리 강상으로 교화하였다. 원대는 한족 백성을 멸시하는 민족정책을 보급하여 사학교화에서도 민족 멸시의식을 적극적으로 주입시켰다. 가정교육은 사회교화의 영향으로 봉건통치계급의 통제를 받아 '천리天理를 보존하고 인욕人欲을 없앤다'는 금욕주의 도덕교육이 주요내용이었다.

명대에는 이갑제도15)를 보급하여 가정교육도
사회화되는 특징이 있었다. 명초에 주원장朱元璋은
족권族權을 강화시켜 백성들의 사상을 통제하도록
강력하게 주장하였다. 그래서 합법적으로 족장, 가
장은 한 가족의 윤리강상 교육을 통솔할 수 있었
으며, 가장 또는 족장은 '가규', '가법'으로 가족 구
성원에게 엄격한 사상과 언행교육을 실시하였다.
예를 들면 가족 구성원 중에 '법을 어기고 규율을
어지럽히고', '웃어른에게 함부로 대하거나', 도덕
행위에 있어 '법도에 어긋나는' 행동을 하거나, 부
모에게 효경하지 않거나 상급자를 속이거나, 세를
내지 않는 등의 행동을 하면 가족의 가규와 가법
의 제재를 받았는데 죄가 가벼우면 벌로서 곤장을
맞고, 죄가 무거우면 쫓겨나거
나 관부로 보내 죄값을 치르도
록 했다. 명대 중엽에 이르러
사회 교화는 더 강화되었다. 예
를 들면 향약의 조직, 보갑연좌
保甲連坐 등은 가정교육이 정치
화되도록 했다. 실제로 '천리를
보존하고 인욕을 없앤다'는 가
르침은 이학가들에 의해 끊임
없이 제창된 덕성수양으로서
노예근성을 배양하는 것으로
변화되었다. 명 중엽 이후의 이

원말元末 명초明初의 유명한 소설가 나관중羅貫中의
《삼국지통속연의三國志通俗演義》

학가는 종종 가족을 모아놓고 그들이 제정한 가규로 봉건윤리강상을 교육했는데 때때로 관부의 법률보다 가혹하였다.

청대에는 원·명시기의 가정교육전통을 계승하여, 봉건통치를 강화하는 중요한 수단으로 가정교육을 이용했다. 아편전쟁 이후, 중국의 봉건사회제도와 가정제도는 해체되기 시작하여, 이때부터 고대의 가정교육이 근대화되기 시작했다.


## 2. '효도'로 가르침을 세운 것과 『이십사효二十四孝』

중국인은 효도를 중시한다. 그런데 이것은 오랫동안 내려온 종법정치제도의 시행, 그리고 가정과 국가가 분리되지 않은 전제통치와 직접적인 관계가 있다. 그리고 소농경제로 생산력이 발달하지 못해 장기적으로 물질생산이 사람들의 생활수요를 만족시키지 못하고, 가정구성원 가운데 성인이 노인과 아이들을 전적으로 부양했던 것과 직접적인 관계가 있다. 일찍이 춘추시대에 공자는 효도를 높은 단계의 이론으로 끌어 올

송대宋代 여효경도女孝經圖

려 효는 연장자를 존경하고 어린 아이를 사랑하는 인생의 의무로서 윤리도덕의 핵심일 뿐만 아니라 정치도덕의 근본으로 가정을 바르게 하고 국가를 다스리고 천하를 평온하게 하는 영혼이라고 생각했다. 공자의 뒤를 이은 역대 통치자들과 사상가들은 효도를 적극적으로 고취시켜 '효로써 천하를 다스리자'고 제창하고 효도로 가르침을 세워 가정에서는 부모에게 효경하고 밖에 나가서는 사람들과 화목하게 지내고 관리가 되어서는 상급자 나아가서 천자에게까지 충성하는 '군부君父'의 '충신효자'를 배양하였다.

한대의 유학자들은 '자식이 부모를 섬기는 도'를 알도록 하는 것이 '가르침의 근본이다(『예기禮記·제통祭統』)'라고 생각했다. 일반 백성의 집에서 효도교육은 대체로 다음과 같이 이루어졌다. 첫째, 가장으로서 부친의 권위를 존경하는 것으로 가장의 뜻을 자기의 뜻으로 삼고, 가장의 시비를 자신의 시비 기준으로 삼으며, 가장의 선악을 자신의 선악 기준으로 삼아 자녀는 모친을 포함한 가장에 대해 "그 마음을 즐겁게 해주고 그 뜻에 어긋나지 않도록 하며, 눈과 귀를 즐겁게 해주고, 잠자리를 편안하게 해드릴 것"과 "부모가 사랑하는 것을 사랑하고, 부모가 존경하는 것을 존경해야 한다(『예기禮記·내칙內則』)"고 했다. 둘째, 부모의 말을 절대적 진리로 받들어 반드시 그대로 해야 하는 것이다. 만약 가장이 명확한 잘못을 하면 반드시 "얼굴색을 온화하게 하고 부드러운 목소리로 간언해야 한다"고 했다. '간언을 했는데 그것을 행하지 않아도' 여전히 '존경하고 효경해야 한다'고 했다. 심지어 부모가 '피가 날 때까지 매질을 해도' '원망'해서는 안되며 가장을 불의에 빠뜨리지 말고 어떠한 상황에서라도 부모의 명예를 더럽히지 말 것이며, 잘못에 대해선 자신이 책임져야 한다. 따라서 '선한 것은 부모에게 돌리고 나쁜 것은 자기에게 돌려야 한다(『한비자韓非子·충효』)'고 했다. 셋째, 전심전력으로 부모를 공경하고 봉양하여 심지어 자신과 자신의 자녀들을 희생시켜 부모의 소원을 만족시켜야 한다. 만약 부모가 병이 나면 자녀는 아침·저녁으로 침상에서 시봉하고 약은 손수 먼저 맛을 본 후 부모에게 드렸다. 여름 또는 겨울이 되면 자녀는 부모의 체온을 따뜻하게 하고, 병이 심하면 자녀는 전심전력으로 부모의 욕망을 만족시켜야 한다. 만약 부모의 생명이 위험하면 자녀는 살신성인하여 부모를 대신해서 죽을 수도 있어야 한다. 무릇 이와 같은 것은 일상생활에서 반드시 수행해야 하는 것이다. 넷째, 부모가 돌아가시면 자녀는 '삼년 동안 부모의 뜻을 바꾸지 말고' 그 묘를 지키며 때마다 제사를 지내야 한다. 가정이 빈곤하여 장례 지낼 형편이 힘들면, 자신을 부유한 가정의 노예로 팔거나 여자인 경우에는 자신을 기녀원에 팔아서라도 부모의 시신을 안장해야 한다.

봉건통치자는 이렇게 효로 자녀를 가르칠 것을 강력하게 제창했는데, 이것은 가정의 안정에 유리하였다. 가정에서 효도교육이 이루어졌기 때문에 부모와 자녀의 혈연윤리 관계는 공고해지고 인구는 늘어났다. 가정의 안정과 인구의 번영은 봉건국가에서 노역제도를 보급하는 전제조건이며 봉건전제 통치를 실행하는 토대였다.

고대 중국 평민가정의 효도교육 교재는 비교적 다양했다. 예를 들어 『효경』, 『예기』, 『가례』, 『제자규』, 『여사서』, 『규훈천자문閨訓千字文』, 『개량여아경改良女兒經』, 『이십사효二十四孝』 등은 모두 역대 조정에서 나왔다. 그중 『이십사효』는 가장 대표적인 것으로 원대 이후 그 영향이 매우 컸다.

『이십사효』는 원대에 완성되었는데 우虞, 주周, 한漢, 위魏, 진晋, 당唐, 송宋 등 각 시대의 효자 24명에 대한 이야기로 모두 나름의 의미를 지니고 있다. 위로는 황제, 중간으로는 공경대부, 신하, 아래로는 백성에 이르렀는데, 그중 백성의 수가 가장 많았다. 효자의 연령은 70세를 넘는 노인부터 막 철이 든 아동에 이르렀으며 성별을 불문하고 남녀 모두 포함됐다. 효자의 이야기도 매우 전형적이어서 어떤 것은 매우 짙은 미신적인 색채와 불교적인 인과보은因果報恩의 사상을 띠고 있다.

24명의 효자에 대한 이야기는 다음과

원대元代의 악기를 연주하는 도기陶器 인형.

같다. 먼저 '효로 하늘을 감동시킨' 우순虞舜이야기다. 우순의 효행에 하늘이 감동하여 코끼리를 그에게 보내 농사를 지어주고, 새가 그를 위해 밭일을 했다는 내용이다. 그리고 '여러 가지 재롱으로 부모를 기쁘게 한' 노래자老萊子 이야기는 나이가 이미 70 세로 늙었음에도 불구하고 항상 부모 앞에서 어린 아이처럼 놀면서 부모를 기쁘게 했다는 내용이다. 다음으로 '사슴의 젖으로 부모를 봉양한' 섬자剡子 이야기는 두 눈을 잃은 부모를 위해 깊은 산에 들어가 사슴의 무리를 찾아 젖을 짰다는 내용이다. '부모를 위해 쌀을 짊어진' 자로子路의 이야기는 자로가 부모를 위해 백리 밖에서 쌀을 짊어지고 왔다는 내용이다. '손가락을 깨물어 어머니의 마음 고통'을 안 증삼曾參의 이야기는 그의 어머니가 손님을 위해 준비할 것이 없음을 걱정하자 밖에 있던 증삼이 어머니의 고통을 보고 자신의 손가락을 깨물어 고통을 느끼면서 땔나무를 짊어지고 돌아왔다는 내용이다. '홑옷으로 어머니에게 순종한 민자건閔子騫'의 이야기는 계모가 그를 학대하여 겨울에 솜옷을 지어 입히지 않았지만, 그는 어머니를 원망하지 않으며 추위를 참았다는 내용이다. '손수 약을 맛 본' 한문제 유항劉恒의 이야기는 모친이 병이 들자 열심히 봉양하여 3년 동안 의복을 벗지 않고 약을 달이며 손수 맛을 본 후, 모친이 마시도록 했다는 내용이다. '오디를 주워 부모를 봉양한' 채순蔡順의 이야기는 전쟁이 빈번하여 피난을 다닐 때 오디를 주어 모친을 효도로 봉양했는데, 이것이 적미군赤眉軍을 감동시켜 적미군이 그 모자를 구해주었다는 이야기다. '어머니를 위해 아들을 매장한' 곽거郭巨의 이야기는 곽거의 집안이 매우 가난하여 모친을 봉양할 수 없었다. 게다가 아들이 어머니의 양식을 축내자 아들을 산채로 묻었는데 그 결과 많은 황금을 얻었다는 내용이다. '자신을 팔아 부친의 장래를 치른' 동영董永의 이야기는 부친이 죽자 몸을 팔아 부친의 장례를 치렀는데 그 결과 하늘이 감동하여 짝을 지어 주었다는 내용이다. '어버이를 나무에 새겨 섬긴'정란丁蘭의 이야기에서 정란은 어려서 부모를 잃어 부모를 봉양할 수 없자, 나무로 부모상을 조각하여 효제孝祭를 지냈다는 내용이다. '솟아오르는 샘에서 뛰노는 잉어를 얻은' 이야기에서 강시처姜詩妻는 시어머니에게 효도를 다하기 위해 항상 6~7리 밖에서 물을 길어왔다. 후에 집 옆에 갑자기 샘이 생기더니 샘 속에 두 마리 잉어가 뛰어 놀고 있었다. '귤을 부모에게 드린' 이야기에서 육적陸績은 원술袁術의 집에 손님으로 갔다가 품속에 2개의 귤을 숨겨 와서 어머니에게 드렸는데 당시 그는 6세였다. '부채로 침실을 시원하게 하고 체온으로 이불을 따뜻하게 한' 이야기에서 황향黃香은 9살 때 어머니를 여의고 아버지를 섬김에 효도를 다하였다. 더운 여름에는 부채로 침실을 시원하게 하고 추운 겨울에는 부친을 위해 체온으로 이불을 따뜻하게 해 드렸다. '다른 사람의 하인이 되어 모친을 봉양한' 이야기에서 강혁江革은 어머니를 엎고 피난 갈 때, 도적을 만나자 그는 도적에게 어머니를 죽이지 말고 나를 하인으로 삼아 어머니를 봉양하라고 애원했다. '천둥소리를 듣고 묘지에서 눈물을 흘린' 왕부王裒의 이야기는 모친이 생전에 천둥소리를 무서워했는데 왕부는 어머니가 돌아가시자 산속에 묻고 폭우가 내릴 때마다 모친의 묘 앞에서 무릎을 꿇고 두려워하지 말라고 말했다는 내용이다. '눈물로 죽순을 생기게 한' 맹종孟宗의 이야기는 어머니가 연로하여 병이 심했는데 한겨울에 어머니가 죽순탕을 먹고 싶어 했다. 그는 구할 방법이 없자 죽림에 가서 대나무를 안고 울었다. 그러자 갑자기 땅이 갈라지며 죽순이 나왔다는 내용이다. '얼음 위에 누워 잉어를 구한' 왕상王祥의 이야기는 엄동설한에 옷을 벗고 얼음 위에 누워 계모를 위해 잉어를 잡으려고 하자 갑자기 얼음이 녹으면서 두 마리의 잉어가 튀어 올라왔다는 내용이다. '호랑이를 잡아서 아버지를 구한' 양향楊香의 이야기는 14세 때 아버지와 함께 밭을 갈고 있었는데, 아버지가 호랑이에게 물리자 그는 온갖 힘을 다해 호랑이의 목덜미를 잡고 아버지를 구해냈다는 내용이다. '모기로 하여금 피를 먹게 한' 오맹吳猛의 이야기는 8세 때 집안이 가난하여 모기장을 살 수 없자 잠자리에서 모기에게 피를 빨아먹도록 했는데, 이것은 모기가 그 부모를 묻지 않도록 하기 위한 것이었다는 내용이다. 또한 '인분을 맛보아 아버지의 병을 걱정한嘗糞心憂' 경검루庚黔婁, 어머니를 위해 '친히 변기를 씻은' 황정견黃庭堅, '관직을 포기하고 어머니를 모신' 주수창朱壽昌 등의 이야기가 있다. 이러한 것은 모두 효자의 전형으로서 봉건 통치자들의 격찬을 받았다.

## 3. 명明 태조太祖의 가정교육

명태조 주원장朱元璋은 가난하게 태어나 어려서부터 방목도 해보고, 밥도 구걸해 보고, 승려가 되어 보기도 했다. 이리저리 떠도는 군대 생활 속에서도 배움을 시작하여, 유생儒生인 스승의 가르침을 받아 나라를 다스리고 천하를 태평하게 하는 법을 깨달았다. 따라서 그는 무력으로 천하를 쟁취한 개국의 군왕일 뿐만 아니라 스승을 존중하고 가르침을 중시한 아버지이기도 했다.

모든 부모와 마찬가지로 주원장도 자식이 잘 되기를 원했다. 전쟁이 빈번한 시기에 그는 강한 군사력으로 성을 공격해서 영토를 점령했다. 그가 성을 공격하고 땅을 차지할 때마다 행한 가장 중요한 일은 명사를 찾아 방문한 뒤, 그를 참모로 삼거나 가정교사로 초빙하는 것이었다. 금릉金陵을 점령한 후 그는 대본당大本堂을 짓고 고금의 도서

주원장朱元璋

를 모아 그곳에 보존한 뒤, 각 지방의 명유를 당에 초빙하여 자손들을 가르쳤다. 예를 들면 명유 유기柳基, 송렴宋濂, 엽침叶琛, 장일章溢 등은 모두 혼란을 다스리고 나라를 안정시키는데 뛰어난 재능과 계략을 갖고 있었는데 이들은 모두 주원장의 존경을 받았다. 전쟁 중 주원장은 유학을 회복하고 송렴을 유학의 대표자로 삼았으며 장자 주표견朱標遣을 보내 유학교육을 받도록 했다. 건국 후 그는 스승을 더욱 존중하고 가르침을 중시하여 명유에게 금중문화당禁中文華堂에 가서 모든 왕자들이 수업을 받도록 했다. 송렴은 태자의 선생이 된 후 10여 년 동안 말 한마디 행동 하나에도 모두 예법으로 권고하면서 국가의 정교와 전대 흥망사를 가르쳤다. 황태자는 이것을 매우 엄숙하고 기쁘게 받아들여 언제나 그를 사부라고 불렀다. 여러 왕자의 교육을 강화하기 위해 주원장은 경연일강제도經筵日講制度를 제정하고 한림원翰林院 문학사를 신중하게 선발하여 직접 여러 왕자의 거처에 가서 모든 왕자에게 경사를 강연하도록 하였다. 더불어 모든 왕자의 연령과 학습정도에 의해 체계적인 교학계획을 세우고 교육을 엄격하게 시키도록 했다.

자식을 가르치기 위해 선생님을 초빙한 것 외에 주원장은 제자에게 항상 말과 행동으로 모범을 보였다. 예를 들면 전쟁 때에도 그는 아들과 선생님을 함께 군대에 데리고 다니며 그와 장군들이 피를 흘리며 싸우는 것을 직접 목격하도록 했다. 그

는 이를 통해 아들이 담력을 키우고 식견을 단련
하면서 전술戰術을 배우도록 했다. 그는 전쟁이 끝
날 때마다 항상 아들에게 병법을 가르치도록 선생
님께 부탁했으며, 전쟁의 실패를 되새기며 그 경
험과 교훈을 종합하도록 하고 동시에 아들에게 장
군들과 똑같은 힘든 군영생활을 요구하기도 하였
다. 심지어 그들에게도 전투에 참여하도록 했다.
후에 그는 고대의 효행 전례와 자신이 어렵게 극
복한 전쟁 경험 등을 그림과 문자를 이용하여 교
재로 편집한 뒤, 자손들에게 주면서 아침·저녁으
로 보면서 근검절약하는 태도를 배양하도록 했다.
그는 자손들에게 "부귀하면 쉽게 교만해지고, 어
려우면 인내력을 쉽게 기를 수 있지만 오랜 시간
이 지나면 쉽게 잊어버릴 수 있다"고 했다.

그는 자손들이 건국의 어려움을 잊지 않도록 조
법祖法을 존중하고 지키도록 했다. 그는 유가 선생
들에게 정성을 다해 두 권의 책을 편집하도록 명
령한 뒤, 자손들이 이것을 배우도록 했다. 한 권은
『소감록昭鑑彔』으로 한·당 이후 봉건제후국의 선
악의 사례를 선정해서 편집한 것으로 정반正反의
두 방면에서 개인의 도덕수양 방법과 필요성을 강
조했다. 다른 한 권은 그가 평소에 자손들에게 행
한 훈계들로 엮은 『조훈록祖訓彔』으로, 자기가 살
고 있는 궁궐 내의 동궁에서 베껴 쓰도록 한 뒤,
그것을 보고 자성하면서 그가 가르친 훈계를 잊지
않도록 했다.

중국의 전통 가정교육

주원장은 일찍이 자손들의 선생에게 "자손들에
게 항상 다음의 것을 말해주시오. 행동 하나하나
에도 경솔하지 않고, 함부로 말하지 않으며, 음식
을 먹음에 그 예절을 지키도록 가르치고, 의복을
입음에 검소한 것을 가르치시오. 그들이 백성들의
배고픔과 추위를 알지 못할까 걱정이 되는 구려.
그러니 그들에게 배고픔과 추위를 체험하도록 하
시오. 백성들이 수고롭게 고생하는 것을 알지 못
할까 걱정이 되는구려. 그들에게 노동의 수고로움
을 체험하도록 하시오"라고 말했다. 그리고는 아
들들이 민간의 질고를 알도록 궁전을 떠나 고향
봉양鳳陽에 가서 생활하도록 했다. 그의 넷째 아들
주체朱棣, 즉 명성조는 후에 이러한 생활을 회고하
면서 "나는 어려서 봉양에서 생활한 적이 있는데
민간의 세부적인 일에 대해 모르는 것이 없다"고
말했다.

그는 궁전에 있을 때 자손들을 자주 훈계하였다.

어느 날 그가 조정을 떠나 궁전으로 돌아왔을
때, 자손들이 곁에서 그를 섬겼
다. 그는 공터에 도착한 뒤 자손
들에게 "이곳에 정자亭, 집館, 누
대臺, 사냥터를 마련한다면, 이
것이 바로 유람의 장소가 아니
고 무엇이겠느냐? 나는 오늘 신
하에게 이곳에 채소를 심도록
했다. 백성의 재물을 탐하지 말

고궁 태화전

고, 노동자의 힘을 낭비하지 말아야 한다. 옛날 상
나라 주紂왕은 백성들을 착취하여 황실을 화려하
게 꾸몄는데 천하가 이를 원망했고, 결국 주왕은
죽고 나라는 망했다. 한문제는 노대露臺[전망대]를
짓는데 드는 비용을 아꼈다. 그리하여 백성은 편
안하고 국가는 부강하였다. 무릇 사치함과 검소함
은 서로 다르고, 혼란을 다스리고 올바른 판단을
내려야 하니, 너희는 나의 말을 잘 기억하고 항상
마음속에 새겨라(『명태조실록明太祖實錄泉라』37권)"
고 말했다.

주원장은 평소에도 가정교육을 중시했다. 그래
서 그의 아들들은 성장한 뒤에도 모두 저마다의
재능이 있었다. 태자는 덕성이 두터웠고 국정을
잘 알았다. 주원장은 둘째, 셋째, 넷째 아들에게 각
각 제후국 서안西安, 태원太原과 북평北平을 주었는
데, 제후국은 북방의 변강을 지키는 지주였다. 다
섯째는 특히 문에 뛰어난 재능을 가지고 있어『원
궁사元宮詞』백장百章을 쓰고『구황본초救荒本草』를
지었는데, 이것은 기근을 구제하는 400여 종의 풀
을 선택하여 그림으로 그리고 거기에 주석을 한
것이다. 이 책은 백성들이 배고픔을 이겨낼 수 있
도록 도움을 주었을 뿐만 아니라 식물학 방면에서
도 뛰어난 전문 저작이다. 여덟번째, 열번째, 열한
번째 아들은 모두 문학에 정통하고 현명한 사士로
유명하였다. 열두번째 아들은 문무에 모두 뛰어난
재능을 갖춘 자로 일찍이 경원각景元閣을 세우고

문사를 불러 책을 교감하도록 했는데, 이것이 명사名士의 기풍이다. 열일곱번째 아들은 문무에 재능이 있고 지혜가 많고 계략이 많아 주원장의 총애를 받았다. 그는 『통감박론通鑒博論』, 『한당비사漢唐秘史』, 『사단史斷』, 『문보文譜』, 『시보詩譜』 수십종을 저술했으며 음률과 희곡에도 밝았다. 이러한 것은 모두 가정교육을 중시한 결과이다.

백성들의 집안에서도 자녀교육을 중시하는 것은 별로 어렵지 않은 일이었다. 그러나 명태조 주원장처럼 모든 왕자의 가정교육에 심혈을 기울인 것은 중국 고대 제왕 가운데 보기 드문 일이다. 객관적으로 보면 주원장의 가정교육은 그의 아들들을 훌륭하게 키워 명초의 정치적 토대를 마련했을 뿐만 아니라 이러한 그의 모범적인 행동은 신하들에게도 많은 영향을 주었다. 이렇게 윗사람이 하는 대로 아랫사람이 그대로 모방하는 명대의 가정교육 분위기는 200여 년 동안 지속되었고, 이로 인하여 재능있는 자가 배출되어 명문집안이 아주 많아졌다.


## 4. 왕고王翶의 자손 훈계

명나라 경태景泰년간의 이부상서吏部尙書 왕고는 명나라 역사상 '명성과 실력에서 모두 유명한' 한 시대의 명신으로 관직에서 시종일관 청렴하고 강

직한 덕성을 유지했을 뿐만 아니라 가정교육에서
도 표리부동하지 않았으며 몸소 실천을 보여 가정
을 다스림에 남다른 비결을 지니고 있었다.

이부상서는 천하의 관리를 뽑아 이들을 승진시
키며, 공훈을 부여하는 대권을 가진 국가의 중신
으로 현임관리를 감찰할 뿐만 아니라 과거와 봉음
封蔭 등으로 새로운 관원을 뽑는 책임이 있었으며,
3년에 한 번 치르는 전국의 회시會試에서 최종적으
로 진사를 뽑을 결정권을 가지고 있어, 그 직위가
나라의 부통령격이었다. 이처럼 왕고는 관리를 뽑
는 핵심 부서에 소속되어 매우 높은 대우를 받았
으므로 문무백관들은 모두 그에게 잘 보이려고
했다. 그런데 청렴하고 강직한 권력을 가진 왕고
는 이러한 것에 아랑곳하지 않고 단지 국가를 위
해서 인재를 뽑았지 어떠한 불명예스러운 일을
하지 않았다.

왕고에게는 사랑하는 딸이 있었는데, 그녀는 교
외에서 관리를 하고 있는 가걸賈杰에게 시집을 갔
다. 왕고의 아내는 딸을 매우 사랑했으며 늘 그리
워했다. 그러나 길이 멀고 교통이 불편하여 자주
가걸이 있는 관저에 사람을 보내 딸을 데려올 수
밖에 없었다. 모녀는 한 번 만나면 할 말이 많아
어떤 때는 수일 또는 십여 일을 머무른 후 헤어지
곤 했다. 왕고의 딸과 가걸의 부부애도 좋았다. 따
라서 가걸은 아내가 친정에 매번 왔다 갔다 하는
것을 마음 아파했을 뿐만 아니라, 이별을 할 때도

항상 쉽게 떨어지지 못하였다. 한 번은 아내가 친정에 가는데 가걸이 헤어지기 아쉬워 원망하듯 "당신의 아버지가 이부상서로 나를 서울에 전임시키는 것은 매우 쉬운 일이 아니겠소. 이렇게 왕래를 하는 것이 불편하지 않소?"라며 아내가 장인에게 가서 특혜를 베풀 수 있도록 은근히 부탁했다. 딸은 아버지의 성격을 알기 때문에 감히 직접 말을 할 수 없어 그 마음을 어머니에게 전했다. 어머니도 딸의 말에 도리가 있다고 생각했지만 고집이 센 남편이 체면을 봐주지 않을까 걱정이 되어 좋은 기회가 있으면 말하려고 기다렸다.

어느 날 왕부인이 술과 좋은 음식을 장만하여 왕고가 즐겁게 술을 마시도록한 뒤, 기회를 빌어 은근히 사위를 서울에 전임시킬 것을 제안했다. 그런데 부인의 말이 끝나기도 전에 왕고는 벼락같이 화를 내고 눈썹을 치켜세우면서 부인에게 훈계하기 시작했다. 부인은 내친 김에 있는 그대로 말을 했다. 왕고는 이 말을 듣고 더욱 화가 나서 갑자기 상을 뒤엎자 부인이 얼굴을 다쳤다. 이때부터 집안에서는 어느 누구도 다시 이 일을 제기하는 사람이 없었으며 끝내 가걸도 서울로 전임되지 못했다.

왕고에게는 손자가 한 명 있었는데 은음恩蔭으로 태학에 입학하였다. 명대의 관제 규정에 의하면, 은음은 국자학 학생으로 과거를 치르지 않고 직접 관리가 될 수도 있었다. 그런데 어느 가을, 특별한 재능을 갖추고 있던 손자는 시험에 도전하여 장원급제를 해 보고 싶어 했다. 그래서 나중에 관리를 할 때, 사람들로 하여금 학문적으로 부족한 사람이라는 소리를 듣고 싶지 않았다. 따라서 그는 관련된 부문의 시험자격증을 가지고 조부에게 사실대로 보고하였다.

왕고는 사랑하는 손자가 자립자강의 뜻을 품고 있는 것을 보고 마음속으로 매우 기뻐했다. 그러나 그는 오히려 집요하게 손자가 과거시험에 참여하려는 것을 허락하지 않았다. 손자는 그 뜻을 이해할 수 없어 재차 할아버지에게 허락해줄 것을 부탁했다. 그러나 왕고는 의미심장하게 "내가 보기에 천하의 재능 있는 관리±들이 너무 많다. 그들의 부모는 가난한 집에서 온갖 어려움을 참으며 자식들을 인재로 키웠으니, 그들과 그들의 부모가 아침·저녁으로 생각하는 것이 바로 삼년에 한 번 있는 과거시험이다. 국가도 과거시험에 의해 재능이 있고 실력이 있는 사람을 뽑아 관리로 삼아야 한다. 이와 같이 해야 천하의 독서인에게 세상을 구하는 큰 재능을 펼칠 기회가 주어진다. 너의 재능으로 급제를 하여 장원을 하려 한다면 분명히 어떤 사람은 암암리에 네가 장원급제하도록 도울 것이다. 오늘날의 과거 시험에는 부정행위가 적지 않다. 사실 이러한 것은 네가 나에게 너를 위해 부정 시험을 치르도록 하는 것인데, 어찌 내가 이처럼 명예롭지 못한 일을 할 수 있겠느냐? 만약 네가 잘못하여 과거시험에 합격한다면 가난한 응시자가 관직에 오르는 길을 방해하는 것이다. 게다가 네가 관리가 될 수 있는 길이 있는데 왜 하필 하지 말아야 할 일을 하느냐? 어찌 이처럼 분에 넘치는 생각을 하느냐?"고 말하였다.

왕고는 매우 분명하게 당시 과거에서의 부정행위는 완전히 막기 힘들고 암암리에 뒷거래를 한다는 사실도 잘 알고 있었다. 이부상서의 손자로서 왕고가 직접 나서서 일을 꾸미지 않더라도 자연히 다른 사람이 이러한 기회를 이용해 그에게 잘 보이려고 할 것이고, 따라서 그의 손자가 과거시험에 참여하기만 하면 그는 틀림없이 합격할 것이다. 명대의 경상卿相은 모두 과거로 뽑았는데 과거 출신 관원의 신분은 은음恩蔭보다 높았고 승진의 기회도 더 많은 편이었다. 그러나 왕고는 그의 직권을 이용하여 자손의 앞길을 결정함에 개인적인 이익을 탐하지 않았으며 오히려 과거를 보려는 것은 잘못된 것임을 엄하게 훈계하여 부정한 일에 빠지지 않도록 했다. 중국 봉건사회에서 그가 이렇게 엄하게 자기의 가족에게 요구한 것은 정직하고 청렴한 자세로 자손에게 도덕교육을 한 것으로서, 매우 가치 있는 일이다.


## 5. 왕양명王陽明의 가정교육

왕양명(기원 1472~1529)의 이름은 수인守仁으로

자는 백안伯安이다. 명중엽 절강浙江 여요余姚에서 태어난 명대의 뛰어난 교육가이자 사상가이다. 그는 세상 사람들이 공인하는 한 시대의 대가로 그가 창립한 양명학파는 명중엽 후기 100여 년 동안 교육과 사상에 커다란 영향을 미쳤다.

왕양명이 이룩한 이러한 거대한 업적은 그가 어렸을 때 받은 양질의 가정교육과 분리시켜 생각할 수 없다. 그는 학자 관료 집안에서 태어났다. 조부와 부친이 모두 독서인으로 그의 아버지가 장원에 급제했을 때 왕양명은 겨우 10살이었다. 이러한 가정환경에서 성장한 그는 자연스럽게 좋은 문화교육을 받았다.

대부분의 문관 가정은 자손의 문화와 교육을 중시하여 스승을 집에 초빙해서 엄격하게 관리를 했는데 자손들은 책을 읽고 구절을 해석하며 글자를 연습하고 문장을 지었다. 이렇게 한 것은 자손들이 독서를 하여 관리가 되기를 희망하는 것이었지만, 한편으로는 자손을 '책벌레'로 만들기 위함이었다. 그런데 왕실은 자식을 가르침에 남다른 좋은 방법을 가지고 있었다. 우선 왕양명의 조부는 손자의 교육과 관리에 대해 그 천성에 따르고 자연의 순리를 따를 것을 중시했다. 예를 들면 소년 왕양명은 매우 고집이 세고 동시에 스승의 가르침을 그다지 존중하지 않고 배움을 싫어하

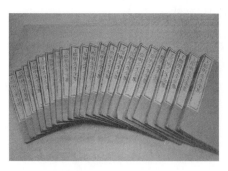

왕양명王陽明 전서全書

여 숙塾을 도망쳐 나오곤 했으며, 전쟁놀이
와 신화이야기를 듣는 것에 온갖 정열을 쏟
았다. 융통성 있는 그의 조부는 그가 그렇
게 하도록 내버려 두었다. 사대부 가정의
엄격한 관리와는 반대로 그에게 적합한 환
경을 마련하여 그로 하여금 수업 후 재미있
게 놀도록 했다. 더불어 마음껏 노는 동시
에 은근슬쩍 일부 군사지식을 알려주고 상
상력을 발달시킬 수 있는 기괴한 신화를 들
려주었다. 수업 외의 이러한 지력계발로 그
는 어려서부터 성격이 활달하고 취향이 고
상했으며, 많은 것을 묻기 좋아하여 독립적
인 사고를 갖게 되었다.

명말明末 오승은吳承恩의 장편
신괴神怪 소설인 서유기西遊記.

　그 다음에 왕양명의 조부는 시기를 놓치지 않고
재능을 표현할 수 있는 기회를 잘 포착하여 그가
승부에 강한 의식을 갖도록 배양했다. 한번은 왕
양명이 조부를 따라 서울에 가기위해 금산사金山寺
를 지날 때 어떤 문인과 절에서 술을 마시며 시를
읊기로 약속했다. 왕양명이 겨우 10살이었으므로
손님들과 응대하는 것은應酬 당연히 그의 일이 아
니었다. 조부는 응시應詩를 할 때 고의로 시구가
생각나지 않는 척하여 양명으로 하여금 응대하도
록 했다. 왕양명은 의젓하게 조부의 뒤에서 나와
시 한수를 읊자 동석한 사람이 모두 놀랐다. 그리
하여 조부는 그를 격려하며 시를 배우도록 인도하
였다.

왕양명이 서울의 숙塾에 입학함에 숙의 선생님
은 그의 아버지가 그 해에 장원에 입학했으므로
항상 장원을 목표로 열심히 공부하도록 왕양명을
채찍질하였다. 어느날 왕양명이 스승에게 "무엇이
인생에서 가장 중요한 일입니까?"라고 물었다. 스
승은 "독서하여 과거에 급제하는 것 뿐이다!"라고
말했다. 왕양명은 그렇지 않다고 생각하여 "아마
급제하는 것만이 가장 중요한 일은 아닐 것입니
다. 제가 보기에는 독서하고 성현을 따라 배우는
것입니다"라고 말했다. 선생은 매우 놀라서 어린
아이가 벌써 이런 말을 하다니 커서 반드시 방자
한 사람이 될 것이라고 생각하여 엄격하게 가르쳐
야 독서하는 마음이 자리잡을 것이라고 생각했다.
따라서 그는 왕양명의 조부와 부친에게 경종을 울
리고 그들에게 왕양명의 성격에 대해 관심을 가지
라고 부탁했다.

왕양명의 조부와 부친은 선생의 말을 듣고 오히
려 마음속으로는 기뻐했다. 선생이 돌아가기를 기
다린 후 그들은 왕양명을 안 서재로 불러 "너는 성
현을 배우려는 뜻은 있지만 성현은 그렇게 쉽게
되는 것이 아니다. 성현이 되려면 첫째, 열심히 성
현의 책을 읽고 성현의 도리를 명백하게 이해해야
한다. 둘째, 몸소 실천하고 모든 일을 스스로 단련
해야 한다"고 가르쳤다. 왕양명은 마음 속 깊이 이
말을 간직하고 이때부터 성현이 될 원대한 뜻을
세워 열심히 독서를 하고 세상사에 관심을 가졌으

중국의 전통 가정교육

며 천하의 일을 자신이 책임져야 하는 것으로 생각했다. 그러자 성격은 더욱 호탕해지고 포부는 웅대해지고 강렬해졌다.

왕양명이 15세 때 장성의 북쪽에서는 전쟁이 끊이지 않았다. 이때 왕양명은 부친의 만류에도 불구하고 위험을 무릎 쓰고 혼자서 거용삼관居庸三關에 가서 산천의 형세를 살피고 감개하여 국가를 보호하고 몸을 헌신해야겠다는 뜻을 품고 죽더라도 군대에 들어가 전쟁터에서 싸우겠다고 자신의 포부를 밝혔다. 한달이 지난 후, 서울에 돌아와서 여러 번 조정에 상서를 올렸다. 이것은 일반 문인 가정에서는 상상도 할 수 없는 일이었지만 오히려 왕양명의 부친은 허락했다. 다만 '뜻은 크지만 재능이 없다'는 것을 은근히 비평하고 '배움에 힘쓸 것'을 요구했다.

왕양명이 17세가 되자 그의 부친은 그에게 정주리학程朱理學의 저서를 열심히 읽도록 했다. 더불어 그가 서울을 떠나 외지에서도 명사를 찾아 배움을 구하도록 했다. 이때부터 왕양명은 힘겨운 학술탐구와 인생의 가치를 추구하기 시작했다.

20년 후 왕양명은 정주리학의 굴레에서 벗어나 자신의 학파를 세우기 시작했다. 그래서 그는 제자들을 가르치면서 한편으로는 편지를 써서 가르치는 가서家書의 방식으로 아들을 가르치기 시작했다. 그는 가서에서 사람이 유용한 인재가 될 수 있는지의 여부는 무턱대고 고인의 문자와 문장을 배우며 학자를 죄인으로 생각해서 속박하여 가짜 도학道學 선생을 만드는 것이 아니라, 사람의 천성에 따라 그대로 놓아주고 힘써서 사람의 잠재능력을 펼쳐 자신의 양지良知·양능良能을 기르도록 하며 간단한 지식에서 복잡한 지식을 익히고 나아가 심心이 리理와 결합되는 경지에 이르도록 하며, "지행합일知行合一하여 힘써 배우고 힘써 행하는 것을 중시하는데 있다"고 했다. 독서는 많은 것을 추구하는 것이 아니라 가장 중요한 것은 스스로 아는 것이다. 왕양명이 설명한 아동교육사상과 가정교육의 관점은 당시 사회적 반향을 크게 일으켰다. 그는 전통적 가정교육과 아동교육에 대해 강한 비판을 했는데 당시 사람들은 이러한 왕양명의 비판을 주의 깊게 들었다.

## 6. 정효鄭曉가 자식을 훈계한 말

정효의 자는 질보窒甫로 명나라 절강浙江 해염海鹽 사람으로 가정2년嘉靖2年[1523]에 진사에 합격하여 관직 방사方司를 맡았다. 후에 낭중郎中, 태복승太仆丞, 태상경太常卿, 형부시랑刑部侍郎, 부도어사副都御史, 남경의 이부상서吏部尙書, 형부상서刑部常書 등의 관직을 역임했다. 사서에서는 "효曉는 경술에 정통했으며 국가의 전고典故를 배워 당시 사회에서 신망이 두터웠다. 집권자에게 배척을 당해 그 뜻을 펼칠 수 없었다"(『명사明史 · 정효전鄭曉傳』)
고 했다. 저명한 사상가 이지李贄는 정효의 학문
을 긍정하면서, 그의 의리義利의 논변은 섬세하고
분석적이어서 심오한 이치를 살필 수 있다고 말
했다.

가정39년 4월에 정효소鄭曉素는 간사한 재상 엄
숭嚴嵩과 사이가 좋지 않아 집권자의 미움을 샀고,
모함으로 인해 관리에서 평민백성이 되었다. 그가
집으로 돌아온 지 얼마 되지 않아 그의 아들 정리
순鄭履淳은 거인에 합격하고 그 다음 해에 서울에
서 회시 시험에 진사로 합격하여 관직이 형부주사
刑部主事에 이르렀다.

아들이 과거에 합격하여 관리가 되는 것은 고대
사림士林 집안에서 경사스러운 일이었다. 친척과
친구들이 끊임없이 축하해주었으며 정씨 집안에
서는 정효가 조정에서 관리로 약 40년 동안 있었
기 때문에 신망이 높아 자연스럽게 많은 사람과
인연을 맺은 관계로 축하해 주는 사람이 많았다.

원칙대로 말하자면, 정효는 이일을 당연히 기뻐
해야 할 것이다. 그런데 조정에서 온갖 시련을 겪
은 정효는 다른 사람들이 생각하는 것처럼 그렇게
단순하게 생각하는 사람은 아니어서, 아들이 과연
좋은 관리가 될 수 있을 지 걱정했다. 손님들 앞에
서 그는 두건을 쓰고 무명옷을 입어 어느 누구도
그가 예전에 조정의 상서를 지낸 대인이라는 것을
알 수 없었다. 그는 한편으로는 손님들을 반갑게

맞이하면서 한편으로는 손님들에게 그의 아들을 잘 보살펴 달라고 성심성의껏 부탁했다. 특히 경험이 풍부한 옛 친구에게 관리의 도를 자신의 아들에게 가르쳐 줄 것을 부탁했다.

정효의 이러한 정성은 모두 국가에 대한 걱정과 아들에 대한 관심에서 나온 것이다. 정리순도 부친이 이렇게 애쓰는 마음을 충분히 이해하여 뜻을 이룸에 자만함이 없었다. 반면에 그는 부친의 가르침에 따라 마치 배고픈 사람이 허기를 달래듯이 사람들에게 관리로서 처세의 도를 가르쳐 줄 것을 부탁했다. 이로 인해 관리로 나가기 전에 좋은 가르침을 많이 배울 수 있었다. 이듬해 겨울 정리순은 관리가 되어 고향을 떠나기 전날 저녁에 부친의 서재에 가서 그에게 훈계를 청했다.

정효는 아들에게 "부친이 37년 관직에 있었는데 청렴결백하여 너에게 남겨줄 돈이 하나도 없구나. 그러나 이 늙은 아비가 요즘 많은 생각을 해서 한 가지 얻은 것이 있다. 그것을 책에 썼는데 이것을 너에게 선물로 주마"라고 했다.

아들 리순履淳은 부친이 쓴 책을 조심스레 받아 자세히 보았다. 그것은 해서楷書로 정연하게 쓴 한 구절의 훈사였다.

담력은 커야 하고 욕심은 적어야 하며, 하고자 하는 뜻은 올바르고, 하고자 하는 행동은 곧아야 한다. 큰 뜻이라도 재능이 없으면 이룰 수 없고, 큰 재능도 배우지 않으면 이룰 수 없다. 배우

는 것은 결코 암기하고 낭송하는 것이 아니라 이
유를 연구하여 익힘으로, 마치 손수 그것을 경험
했던 것 같이 해야 한다. 남양南陽에서는 재상이
한 명 나오고 회음淮陰에서는 장군이 한 명 나왔
다. 결과적으로 세상에 알려진 영웅은 모두 평소
에 배움에 힘썼다. 뜻이 있는 선비는 책을 읽음에
위와 같은 이치를 알아야 한다. 그렇지 않으면 책
을 읽고 문장을 쓸 수는 있어도 관리직을 잘 수행
하지 못하며 사람 됨됨이도 좋지 않게 된다.

　이 훈사는 매우 간략하지만 관리의 도리를 말했
을 뿐만 아니라 사람 됨됨이의 도리를 잘 설명했
다. '대담하고', '섬세한 마음을 지니며', '뜻을 원
대하게 품고', '행동을 바르게 하는 것'과 같은 말
에는 그가 일생동안 사람을 대했던 처세의 경험과
철리가 내포되어 있다. 정효 자신은 바로 이렇게
하여, 당시 사람들은 그를 학문이 박식하고 나라
를 다스리는 긴 안목이 있어 바른 것을 말하지만
쓸데없는 말을 하지 않으며, 엄격하되 가혹하지
않고, 강직하되 과격하지 않으며, 지위가 높되 거
만하지 않다고 했다. 관리로 있을 때 광명정대하
면서도 책임이 강하고 집권자를 무서워하지 않고,
국가와 백성의 일에 힘써 개인의 이해득실과 영예
를 계산하지 않고 올바른 것을 향해 나아갔다.
　정리순은 이 시구를 반복해서 읽고 부친에게 이
훈계를 반드시 따르겠다고 말했다.
　당시 대부분의 부패했던 관리들에 비해, 투명하
고 정직한 정치를 펼쳤던 정리순은 그 평판이 자

자했다. 게다가 그는 부친의 가르침 덕택에 일처리도 매우 능숙하게 잘했다. 이로 인해 그는 매우 빨리 동료 관리로부터 존경을 받았다. 그러던 그는 융경隆慶 초년에 부친의 명예회복을 위해 조정에 상서를 올렸다. 이때 이미 엄숭嚴嵩은 실각했고, 새로운 황제는 대통을 계승하면서 무엇인가를 발전시키고, 과거의 억울한 일들을 해결하려고 노력하고 있었다. 비록 정효는 일찍 죽었지만 억울한 사건이 말끔히 해결되어, 후에 태자태보太子太保로 봉해지면서, 단간공端簡公이라는 시호를 받았다.

정리순은 융경3년隆慶[1569년]에 황제가 당시 사회의 병폐를 개혁하고 조정의 기강을 바로 잡아 명조정의 중흥을 촉진해주기를 기대했다. 따라서 그는 자신의 집과 자신의 목숨을 고려하지 않고 대담하게 당시 정부의 병폐를 직접 상소했는데, 그 글은 뜻이 간절했고 국가를 매우 염려했으며 꿈속에서도 걱정하는 애국충군의 심정이 글에 넘쳤다. 무능한 황제 목종穆宗은 억울한 사건을 해결한 후, 다시는 감히 그러한 일을 하지 않았을 뿐만 아니라 정리순이 시정을 질책한 것에 매우 화가 나서 오히려 정리순에게 곤장 100대를 벌하고 감옥에 가두었다. 후에 사정하는 관리가 있어 죽음을 면했지만 감옥에서 나온 후 직책을 빼앗기고 평민으로 돌아왔는데 그 운명도 부친과 비슷했다.

정리순은 부친의 훈계를 되새기며 비록 앞길이 어떠하든지 간에 세상을 뒤엎겠다는 웅대한 뜻을

중국의 전통 가정교육

품었다. 집으로 돌아온 후 그는 전심전력으로 경
제실학을 연구하며 조정의 폐단을 개혁할 책략을
연구했다. 3년 후, 목종이 죽고 신종神宗이 즉위하
자 개혁대표 장거정張居正이 재보宰輔로 임용되어
위로부터 아래에 이르기까지 정치·경제개혁을
추진했다. 얼마 지나지 않아 정리순은 조정에 다
시 등용되어 광록소경光祿少卿으로 장거정張居正의
변법운동에 참여하면서 재능이 뛰어난 실학의 개
혁파 인물이 되었다.

　사람들은 정리순의 인생역정으로 그의 아버지
가 그에게 훈계한 글귀에 많은 관심을 갖게 되었
다. 당시 사람들은 이 훈사를 '최고의 명언'이라고
공인했다. 따라서 그것은 '정단간공이 자식을 훈
계한 말'로 전해져서 세상 사람들에게 널리 애송
되었다.


## 7. 여씨呂氏부자의 가정교육

　명대의 저명한 학자 여곤呂坤과 그의 부친 여득
승呂得胜은 모두 후대에 많은 영향을 미친 교육가
이다. 특히 가정교육방면에서는 아들이 아버지를
이어 많은 공로를 쌓았다.

　여득승의 호는 근계近溪로 하남河南 영릉宁陵사
람이다. 그는 평생을 관직에 나가지 않고 가르치
는 것을 업으로 삼았으며, 장기적인 교학실천 속

에서 아동이 배우고 기억하기 쉬운 교학방법을 모색했다. 명대에는 팔고문으로 사를 뽑았기에 학생들은 대부분 유가경전과 판에 박힌 팔고문을 배웠다. 심오한 경전은 배우고 이해하기 어려웠을 뿐만 아니라 완전히 기억하기도 어려웠다. 여득승은 학생과 그의 아들을 교육할 때, 아동의 천성과 지식을 암기할 수 있는 심리적인 특징을 고려하여 심오한 경전의 이치를 외우기 쉬운 간단명료한 동요로 만들어 『소아어小兒語』라는 책을 만들었다. 그는 "아동도 말할 수 있는 지식과 능력이 있어 모두 동요를 부르며 즐거워한다. 그것을 함께 배우고 전하는데, 그 작품이 누구에 의해 쓰였는지 알 수 없다. … 무릇 몽매함을 바르게 키우려면, 지식이 생길 때 바로 바른 것을 가르쳐야 한다. 속어는 원래 해롭지 않지만, 제멋대로 행동하는 아이들이 어찌 배울 수 있겠는가? 나는 천박함에 부끄러워하지 않고, 오히려 이것을 입신의 중요한 일로 생각하며, 소리를 서로 조화롭게 하니, 촌스러운 듯해도, 아동이 듣기 쉽고 이해하기 쉬워, 그 이름을 『소아어』라고 한다. 아이들이 놀면서 자신도 모르는 사이에 몸에 익히도록 한 것이다. 한 아이가 그것을 배우게 되면 여러 아이에게 전해주게 되고, 어릴 때 그것을 배우면 평생 몸에 익히게 된다"고 했다. 그는 통속화된 언어의 교육 작용을 중시하여 그가 편집한 『소아어』를 가정교육의 교재로 삼아 자식들을 가르쳐 입신하고 처세하도록 했다.

『소아어』의 언어는 이해하기 쉽고 통속적이지만 매우 많은 처세술의 도리를 설명하고 있다. 예를 들면, "모든 언행은 반드시 침착해야 한다. 틀린 것 10개 중 9개는 당황함 때문이다"라고 했다. 이것은 처세를 함에 차분한 행동이 필요하다는 것을 가르친 것이다. 또 "만약 자기가 잘못을 하면 조금이라도 감추려고 하지 말아야 한다. 감추려다가 감추지 못하면 잘못이 하나 더 더해지는 것이다"라고 했다. 이것은 사람에게 잘못된 점을 스스로 인식하도록 가르친 것이다. "다른 사람과 말할 때는 다른 사람의 기색을 살피고 서로 뜻이 달라도 강하게 말할 필요가 없다"고 했다. "인생에서 패가망신하는 이유 중 말을 잘못함이 80%를 차지한다. 그중 모두 진실은 아니므로 30%만 듣고, 만약 배움을 좋아한다면 나무를 하고 약재를 팔지라도 부끄럽게 여기지 말며, 만약 배우기를 좋아하지 않으면 심지어 상서의 각로閣老라도 자랑할 것이 없다. 모든 공은 하늘에서 주는 것이니 스스로 교만하지 말아야 한다"고 했다. 위에서 말한 이러한 통속어는 문자가 간단하고 도리도 명백하여 아동이 자연스럽게 읊고 외우기 쉬워 늙어서도 유익하도록 했다.

여득승은 『소아어』로 아들을 가르친 동시에 『여소아어女小兒語』도 편집했다. 『소아어』와 마찬가지로 통속적인 언어를 사용하여 여아가 즐겁게 들으며 이해하기 쉽게 하였다. 『여소아어』에서 강조한 내용은 유가에서 선양했던 부덕婦德으로 그 목적은 여아가 미래에 현모양처와 효녀절부가 되기를 바라는 것이다. 청대 진굉모陳宏謨는 『여소아어』를 매우 높게 평가하여 "사람을 각성시키는 것으로, 한 자도 사람의 인정에 가깝지 않은 것이 없으며 한 자도 올바르지 않은 것이 없다. 그 언어는 이해하기 쉬우나 그 뜻은 매우 심오했다. 여자아이에게 훈계하는 것으로 이것보다 더 좋은 것이 없다"고 했다.

여득승이 이를 가정교육에 적용했기 때문에 그의 자녀들은 이러한 그의 영향을 깊게 받았다. 예를 들면 아들 여곤은 명만력万曆 년간에 진사가 되어 직위가 형부시랑刑部侍郎에 이르렀으며 사람됨이 강직하고 집권자에게도 아부하지 않으며 품행이 고결하여 세상 사람들로부터 존경을 받았다.

여곤(1536~1613년)의 자는 숙간叔簡 호는 신오新吾로 부친에게서 많은 가르침을 받았으며, 『소아어』는 부친이 심혈을 기울여 편집한 매우 드문 아동 도서라고 여겨, 그는 항상 부친과 함께 『소아어』에서 감동 받은 이야기를 했다. 더불어 그것을 대대로 전하여 집안의 보물처럼 간직했다. 한번은 여곤이 연로한 부친과 이 책을 토론했는데, 이것을 출판해서 많은 사람들이 함께 나누어 보는 것이 어떻겠냐고 부친에게 의견을 구하자, 부친은 이에 동의하며 내용을 보다 보충하도록 했다. 따라서 여곤은 이것을 『소아어』의 체계에 맞춰 보충한 후, 『속소아어續小兒語』라고 했다.

『속소아어』는 '사언', '육언', '잡언' 세 부분으로 나눠 독립적인 편이 되도록 했다. 그리고 내용면에서 여곤은 많은 부분을 보충하여 독자의 대상을 넓혔는데 아동이 배우고 읊기에 적합했을 뿐만 아니라 성인을 가르치기에도 적합했다. 여곤은 "어린 아이도 어른 같을 때가 있다. 나의 말이 혹시 그들에게 만분의 일이라도 도움이 될지 모르겠구나. 다만 어린 아이들의 간단한 말을 어른들은 어린 아이의 말로만 생각할까 염려 된다"고 했다. 따라서 『속소아어』는 통속적인 것의 토대 위에서 '문文'의 분량을 늘려서 고상한 사람이든 평범한 사람이든 누구나 다 감상할 수 있게 만들어 교학에 보다 더 적합하게 구성했다.

『속소아어』의 대부분 문장은 격언적인 특색을 띠고 있다. 예를 들면 "마음이 자비로워야 일이 잘 되며 너무 잔인하면 사람들이 원망하게 된다", "다른 사람의 성정性情도 나와 같거늘 때때로 입장을 바꾸어 생각해보고 모두 너그럽게 대해야 한다", "화가 났을 때 하는 말은 이치에 맞지 않은 말이 많고 함부로 말하는 것을 좋아하면 한순간 과격하게 되어 후에 부끄럽게 된다". "귀한 것을 좋아하고 가난한 것을 부끄럽게 여기며, 목표가 보통 사람보다 떨어지거나 이상한 것을 두려워하거나 이해를 못하면 식견이 넓지 못하게 된다". "위세를 천하에 떨치며 용맹이 뛰어나더라도 만약 능력이 없으면 자기의 마음을 꺾을 수밖에 없다". "남자의 일이란 천하를 다스리는 것으로 식견이 있으려면 포부가 커야 한다". "한 그릇의 밥도 감사할 줄 알고 천금도 두려워할 줄 알아야 한다. 적은 것을 아낄 줄 알아야지 욕심이 너무 많으면 근심이 생긴다". "의지는 넓고 신중하며, 언변은 안정되어 어려움이 커도 스스로 감당하며 냉정해야 한다". "하느님은 살집이 필요하지 않고 신들은 많은 옷이 필요하지 않다. 불상을 조각하기보다 그것으로 가난한 사람을 돕는 것이 좋다". "좋은 뜻이 좋은 결과를 얻지 못한다고 나쁜 마음을 가지면 그 대가를 치르게 되고 뜻이 곧고 성실하면 위급한 시기가 닥쳤을 때 사람들이 함께 한다". "겸손하게 자기를 낮추면 화가 일어나지 않을 것이며 침묵하면 재앙을 막을 수 있다. 웅대한 포부를 깊이 감추고 자기의 재능을 뽐내지 말아야 한다". "은혜를 받음에 먼저 유익함을 보고 후에 손해를 볼까 두려워해야 하며, 위세는 처음에 느슨하고 후에 엄격할 것을 두려워해야 한다". "사람들과 원한을 맺지 말고 다른 사람들과 공론을 벌이지 말아라". "난초의 향기는 골짜기를 싫어하지 않으며 군자는 이름을 위해 수양하지 않는다"고 했다. 이는 비록 언어는 간단하지만 그 의미가 심오하여 각기 다른 연령의 사람들이 자기의 인생경력으로 삼을 수 있도록 하여, 오랫동안 가르침의 효과를 얻을 수 있었다.

『속소아어』는 『소아와』와 만찬가지로 단순히

여씨의 가정교육도서로 시작했지만 사회에 널리
유포되어 오늘날까지도 계속 인쇄본이 나올 정도
로 가정교육의 걸작으로 주목받고 있다.


## 8. 주백려朱柏廬가 집안을
다스린 격언


『주백려치가격언朱柏廬治家格言』은 『주자가훈』으
로 명말 청초의 주백려가 정주리학程朱理學을 중심
으로 봉건 도덕관념과 도덕수양을 간단하게 설명
하고 사람들에게 근검절약으로 집안을 다스려 자
신의 본분을 지키도록 권고한 일반 가정의 가정교
육 교재이다.

『주백려치가격언』은 고대에 집안을 다스리고
자녀를 교육시킨 명언 경구를 모은 것으로, 시사
하는 바가 크다. 예를 들면 근검하게 살림하고 일
을 해서 얻은 것을 아낄 줄 알며, 건강하고 청결하
게 하는 것에 주의하고, 이웃 사람들과 화목하게
지내야 한다는 것 등이다. 동시에 고상한 덕을 지
니고 세속을 떠나 스스로 자족하면서 일상생활에
서 신사紳士의 맛을 느낄 수 있도록 했다. 따라서
이것은 노동계층과 일반 백성의 가정에서 읽혀졌
을 뿐만 아니라 관리 집안 및 학자 집안에서도 모
두 흥미진진하게 읽었다. 어떤 사람은 거실 또는
서재에 걸어 놓고 아침·저녁으로 낭송하고 우러

러보며 집안을 다스리는 명훈으로 삼았다.

『주백려치가격언』에서 선양한 가정을 다스리는 도道는 다음과 같이 몇 가지로 분석해 볼 수 있다.

근검하게 생활하라는 훈계: "죽 한 그릇, 밥 한 그릇이라도 그것을 얻기까지의 수고를 기억해야 하며, 한 올의 실이라도 그것을 짜기까지의 노동을 기억해야 한다. 스스로의 생활은 절약하고 손님을 초대함에 음식을 아껴서는 안 된다. 그릇은 품질이 좋아야 하므로 도자기가 금옥보다 가치가 있고, 밭에 있는 채소가 진귀한 음식보다 낮다. 거함에 절약하고 소박해야 한다. 이러한 말은 통속적이고 이해하기 쉬웠는데, 근검절약하고 세밀하게 계획해서 생활해야지 사치와 허영을 쫓아서는 안 된다. 근검절약하려는 도덕관념이 생기면 어려운 날이 있을지라도 사람들에게 정신적인 행복감을 가져다 줄 것이다. 따라서 "집을 화려하게 꾸미지 말고 좋은 밭을 꾸미려하지 말라"고 했다.

사람과 물질을 대하는 훈계: "뜻밖의 재물을 생각하지 마라. 다른 사람과 함께 일을 할 때는 내가 더 많은 것을 얻으려고 해서는 안 되며, 보기에 가난한 친지 이웃에게도 따뜻한 온정을 베풀어야 한다. 부귀를 보고 아첨하는 사람은 가장 부끄러운 것이고 가난한 사람을 만나서 교만한 태도를 지닌 사람은 가장 못된 사람이다. 세력을 의지해서 약한 자를 억누르지 말아라. 허물이 없고 악이 적으

중국의 전통 가정교육

면 반드시 그 결과를 얻을 수 있고, 억울한 뜻은 시간이 지나면 밝혀진다. 다른 사람의 말을 쉽게 믿으면 그것이 어찌 진실인지 알 수 있겠느냐 반드시 심사숙고하여 일에 따라 분석해야만 나의 잘못이 아님을 알 수 있다. 그러므로 반드시 평상심을 지녀야 한다. 베푼 은혜를 생각하지 말고, 받은 은혜는 잊지 말아라. 다른 사람에게 좋은 일이 생기면 질투하지 말며 다른 사람에게 불행한 일이 생기면 기뻐하지 말아라. 처세를 함에 많은 말을 하지 말아라. 말이 많으면 반드시 실수가 있다. 자신의 명과 분수를 지켜, 순리에 맞게 하늘의 뜻을 따라라"고 했다. 이상에서 설명한 것은 사람을 대함에 선량하게 하고 다른 사람에게 유익함을 제공하며, 다른 사람에게서 이익을 추구하려 하지 말고 다른 사람을 돕는 것을 즐거움으로 삼아야 한다는 것이다. 동시에 사람을 사귐에 신중하게 친구를 선택하고 소문은 분석해보고, 사람들과 마찰이 생겼을 때 자신을 먼저 살펴보아야 한다. 재물에 대해서 인의를 제창하고 항상 다른 사람에게 베푼 것은 보답을 바라지 말아야 한다. 그러나 다른 사람에게서 받은 은혜는 잊지 말고 보답해야 한다는 것이다.

치가 수신의 교훈 : "날이 밝으면 일어나서 마당을 쓸고 안 밖으로 청결하게 하며 저녁이 되면 휴식을 취하고 문이 잠긴 것을 친히 확인해야 한다. 비가 내리기 전에 준비해야지 갈증이 날 때 우물

을 파서는 안 된다. 아낙네는 감언이설의 전달자로, 아름다운 하녀와 첩을 두는 것은 결코 규방의 복이 아니다. 노비는 잘 생기고 예쁜 사람을 고용하지 말고 아내는 요염하게 치장해서는 안 된다. 조상이 멀리 떨어져 있다하더라도 그 제사는 성실하게 하지 않으면 안 되며 비록 자손이 우매하더라도 경서를 읽지 않으면 안 된다. 자식을 가르침에 방법이 있어야 한다. 분에 넘치는 재산을 탐하지 말고 과분하게 술을 마시지 말아라. 형제와 숙질사이에서는 여유가 있는 사람이 그렇지 않은 사람을 도와주고, 장유와 내외의 관계에서는 그 예절이 서로 엄숙해야 한다. 무릇 모든 일에 여유를 남겨 두어야 한다"고 했다. 이러한 격언은 사람들에게 재산으로 부모를 가름하여 각박하게 대하지 말고, 미인을 보면 음탕한 마음이 생기는 것을 절제해야 하며, 제때에 세금을 납부해야 하는 것 등을 말한 것이다. 이러한 것은 모두 가장과 가족 구성원이 가정의 모순을 어떻게 처리할 것인가에 대한 도리를 훈계한 것으로 '서로 화합하는 것이 가장 중요한 것'임을 윤리 원칙으로 삼은 것이다. 내용면에서는 웃어른을 어떻게 공경하고 자녀를 어떻게 교육시켜야 하는 지와 처자의 언행을 구속하는 방면 등의 내용을 모두 포함하고 있어 부녀자를 경시하는 예교적 성격이 농후하다.

『주백려치가격언』이 평민집안의 가정교육 교재가 된 것은 이 책에서 설명한 내용이 평민가정의

중국의 전통 가정교육

실제생활에 적합하고 실용성을 띠고 있었기 때문
이다.

## 9. 스승이 된 고모

명·청시대의 대사상가이자 과학자인 방이지方
以智는 박학다식하면서 문리에 트여 중中·서西 연
구에 정통한 중국 고대에 보기 드문 학술 거장이
다. 그는 『통아通雅』, 『물리소식物理小識』, 『약지포
장藥地炮庄』, 『동서균東西均』, 『역여易余』, 『박의집博
依集』, 『일관문답一貫問答』, 『부산전후집浮山前后集』
등을 저술했는데 그 속에서 우리는 그의 지혜를
엿볼 수 있다.

그런데, 이러한 방이지의 엄한 교사가 바로 그
의 둘째 고모 방유의方維儀였음을 그 누가 알았겠
는가!

방유의(1585~1668)의 자는 중현仲賢으로 어려서
부터 가학의 영향을 받아 착실하게 학문적 기초를
쌓았지만 남자로 태어나지 못해 세상에 그 뜻을
펼칠 수 없음을 한탄했다. 그녀가 17세 때 같은 마
을에 사는 요姚씨한테 시집을 갔는데 결혼한 지
얼마 되지 않아 남편이 병으로 사망하게 되어 젊
은 나이에 과부가 되었다. 그 다음해 그녀는 유복
자를 낳았지만 불행하게 한 돌도 되지 않아 죽었
다. 이러한 절망적인 충격, 게다가 시집 식구들의

학대로 원한을 품고 친정으로 돌아와 과부살이를 하면서 청분각淸芬閣에서 베를 짜며 여가 시간에는 시문을 열심히 공부하고 그것을 언니와 동서에게 이야기했다. 그녀는 경사를 배워 시와 글을 지었는데, 저작으로 『청분각집淸芬閣集』이 전한다. 그밖에 그녀는 붓글씨와 회화에 능숙하고 조예가 깊었으며 70세까지도 책과 회화를 손에서 놓지 않았는데 그 작품은 걸작으로 간주되고 있다. 청대의 풍금백馮金伯이 쓴 『국조화식國朝畵識』에 방유의의 작품을 일컬어 "대가의 명필로 삼백년 동안 이것을 뛰어 넘는 자는 2~3인에 불과하다"고 했다.

　방유의는 비록 친정에서 과부로 더부살이를 했지만 그녀의 학식이 깊고 품행이 단정하여 집안 사람들의 존경을 받았다. 조카들은 그를 함부로 대하지 않았으며, 동서와 조카들은 그녀를 스승으로 삼았다. 방유의는 청분각에서 여선생으로 지내면서 먼저 동서 오령의吳令儀에게 시문과 붓글씨, 회화를 가르쳤는데 오령의의 시문도 크게 진보했다. 그러나 안타깝게도 오령의는 30세가 되어 그의 아들 방이지와 딸 방자약方子躍을 남겨둔 채 죽었다. 방유의는 고모로서 어머니의 역할을 대신해서 조카들을 보살피면서 청분각에서 그들에게 경서와 시문을 강의했다. 방이지의 여동생도 고모에게 배운지 얼마 되지 않아 글에 능숙하고 붓글씨와 회화에 모두 방유의와 매우 비슷하여 동성桐城에서 유명한 재녀가 되었다. 방이지는 고모의 세심한 배려와 교육을 받았다. 그는 『슬우신전滕寓信箋』에서 둘째 고모는 "어머니를 잃은 나를 가엽게 생각하여, 기르고 가르쳐 주셨다". "나를 8년 동안 한결같이 친아들처럼 기르셨다"고 했다.

그는 둘째 고모의 지도를 받으며 매우 열심히 노력하여 15세에 모든 경자사략經子史略을 암기하고 기이한 것을 두루 섭렵했다. 방이지는 어려서부터 고모의 시문과 서화를 사모했지만 고모는 사내라면 반드시 천하를 책임져야 한다고 생각하여, 명말 전란의 어지러움과 혼란한 상황 속에서 자신의 조카가 천하를 구하는 영웅이 되기를 바랐다. 따라서 높은 목표를 세워 그를 성심성의껏 엄격하게 기르면서, 그녀의 박학함을 바탕으로 경세치용經世致用의 학문을 조카에게 가르쳤다. 경사자집 외에도 의학, 법학, 병학, 예악 등을 가르쳤으며 동시에 조카가 물리, 과학기술도 폭넓게 섭렵하도록 격려했다.

명말 청초 나라가 혼란하던 당시, 방이지는 비록 고모가 기대하던 세상을 구원하는 영웅은 되지 못했지만 학술면에서 중화문화가 발전하는데 중대한 역할을 했다. "무릇, 천인예악天人禮樂, 율교律敎, 성음聲音, 문자文字, 서화書畵, 의약議約, 문인의 예법에 구애되지 않고 기술을 배웠으며, 그 취지로 수십만 자

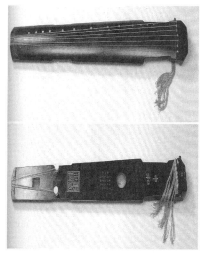

명대明代의 현악기絃樂器인 금琴으로 뒤에 중화中和가 써있다. 이는 중용中庸과 화해和諧를 의미한다.

로 된 책을 저술하여 널리 전했다(『동성기구전桐城耆旧傳』)"고 한다. 방이지는 고모가 자신을 부양하면서 훈계했던 것을 마음속에 새기고 영원히 그 뜻을 잊지 않아 "고모께서 나를 보살펴 주신 것은 나의 행운이다!"라고 감명 깊게 『슬우신전膝寓信箋』에 썼다.

## 10. 현명한 어머니가 자식을 가르친 세 가지 규칙

### 1) 재능에 맞춰 자식을 가르친 왕면王冕의 어머니

왕면은 원말의 저명한 화가이자 시인으로 그의 성공은 어머니의 관심과 발견에서 기인한다. 부지런한 농민였던 왕면의 부친은 집안이 가난하여 왕면에게 7살 때부터 소를 키우도록 했다. 그러나 왕면은 매우 공부하고 싶어 했다. 그래서 그는 소를 버려둔 채 마을에 있는 학당의 창밖에 숨어서 선생님이 강의하는 것을 듣곤 했다. 이 일로 그는 부친으로부터 매를 많이 맞았다. 이러한 아들을 보고 마음이 아팠던 왕면의 어머니는 집안이 가난하더라도 아들을 가르치자고 남편을 설득했다. 왕면은 학교에 다니면서 공부를 열심히 했는데, 집에 불을 켤 기름이 없으면 절에 가서 미륵보살의 다리에 앉아 장명등長明燈의 빛으로 때론 날이 밝을

때까지도 공부했다. 이렇게 근면하게 공부하는 왕
면을 보고 한씨 성을 가진 어떤 선생이 감동하여
그를 제자로 삼았다. 왕면은 배움에 있어 진보가
빨랐지만 그의 아버지는 여전히 아들이 공부하는
것을 그만 두고 그와 함께 농사짓기를 원했다. 이
러한 상황에서 왕면의 모친은 항상 온갖 방법을
생각해내어 그의 부친을 설득해서 왕면이 열심히
공부하여 천하에서 유명한 화가와 시인이 되도록
도왔다.

## 2) 엄격하게 자식을 가르친 주계周桂 부인

주계부인은 명대의 저명한 산문가 귀유광歸有光
의 어머니이다. 귀유광이 네살 때 그녀는 자식에
게 글자를 익히게 하고, 그가 7세 때 현학에 들어
가 배우도록 했다. 귀유광이 편집한 『선비사략先妣
事略』의 문장에서 그는 애도하는 마음으로 엄격하
게 자신을 가르쳤던 그의 어머니에 대한 이야기를
썼다. 예를 들면 그가 배우기를 싫어할 때, 그의
모친은 그를 나무라며 그가 어떠한 상황에서든지
수업을 빠뜨리지 않도록 가르쳤다. 매일 저녁 모친
은 항상 등을 켜놓고 불빛 아래서 동생들을 의자
에 앉혀놓고 공부를 하도록 했다. 항상 동생들이
잠이 들면 모친은 여전히 그를 데리고 공부했으며,
매일 그에게 공부를 잘 할 수 있도록 격려했다. 더
불어 그가 다양한 서적을 읽도록 했다. 오랜 시간
이 지나자 귀유광은 착실하게 다져온 학문의 기초

를 토대로 젊어서부터 유명한 산문가가 되었다.

### 3) 온갖 노력을 기울여 자식을 가르친 장蔣씨의 어머니

청 중엽의 장사전蔣士銓은 원매袁枚, 조익趙翼과 이름을 나란히 했던 '강우삼대가' 중의 한 사람으로 그의 성공은 전적으로 모친의 교육덕분이었다. 장사전의 집안은 가난하기 때문에 그의 모친은 이른 아침부터 저녁 늦게까지 열심히 베를 짰다. 그러나 그녀는 바쁘게 일하는 중에도 아들에게 글자를 가르치고 책을 읽게 하는 것을 잊지 않았다. 사전이 4세 때 모친은 그에게 글자를 가르치기 위해 가는 대나무를 쪼개서 점, 줄, 획, 삐침을 각각 조합하여 서로 다른 글자를 만들어 사전이 익히도록 가르쳤다. 매일 두 글자를 가르치기 시작하여 후에 8개, 10개를 인식하게 한 후, 다시 분리해서 새로운 글자를 만들었다. 열심히 글자를 익히고 반복하게 하여 사전은 많은 글자를 알게 되었다. 사전이 6세 때, 어머니는 그에게 글쓰기를 가르쳤다. 그가 7~8세 때 어머니는 베를 짜면서 자신의 무릎에 책을 올려놓고 사전을 무릎 앞에 앉혀서 그가 한 구절씩 책을 읽도록 가르쳤다. 겨울 저녁이면 어머니는 입고 있던 솜옷의 단추를 풀어서 사전을 품에 안고 얇은 이불로 그의 발을 덮은 채 열심히 글을 읽게 했다. 어떤 때는 사전이 읽다가 지치면 품안에서 재우고 그가 일어날 때를 기다려

계속해서 공부하도록 다독거렸다. 장사전은 어른
이 된 후 저명한 대학자가 되었다. 그는 어머니의
가르침을 잊지 않기 위해 노련한 화가 한 분을 선
생으로 초빙해서 『명기야과도鳴機夜課圖』를 그린
것에다 손수 문장 한 편을 써서 『명기야과도기鳴機
夜課圖記』라는 제목을 붙였다. 이 한편의 글과 문자
는 당시 사람들에게 널리 전해졌다.


## 11. 독서를 즐거움으로 삼은
강희康熙황제

명왕조는 신종 이후 다시 재기하지 못하고 내우
외환의 곤경에 빠졌다. 농민봉기가 줄기차게 일어
나 결국 명왕조는 이자성李自成이 이끄는 농민봉기
군에 의해 전복되었다. 얼마 지나지 않아 동북의
만주족 군대가 궐기했다. 이들은 강한 군
사력으로 많은 군대를 퇴치하여 명왕조의
잔여세력을 없애고 중국을 통일하여 청왕
조를 세웠다.

청왕조의 만주족 통치자들은 명나라가
멸망한 교훈을 거울삼아 황가의 가정교육
을 매우 중시하여, 박학다식한 한족 학자
들을 광범위하게 모아서 궁전의 스승으로
삼았다. 더불어 황태자의 한문화漢文化 교
육을 중시했다. 예를 들면 청조의 개국 임

강희康熙황제

금은 순치황제 애신각나愛新覺羅·복림福臨으로 황제가 된 후 문화와 교육을 크게 발전시키고 유가학술을 숭상했으며, 종인부관宗人府官, 일강관日講官을 설립하고 문신들에게 『자정요람資政要覽』, 『범행항언範行恒言』, 『권선요언勸善要言』, 『경심록儆心彔』 등을 쓰도록 명령했다. 그는 만주족이 중국의 한족처럼 되는 정책을 대담하게 실행했을 뿐만 아니라 서방선교사 탕약망湯若望을 배우도록 했다. 만주어로 그를 '마법瑪法[즉 할아버지]'이라고 불렀으며 더불어 그에게 "통현교사通玄敎師"라는 칭호를 부여했다. 그러나 안타깝게도 복림은 24세에 천연두라는 병에 걸려 죽었다.

복림의 뒤를 이은 황제는 현엽玄燁이다. 현엽은 만 8세에 황제의 자리에 올랐다. 그가 황제에 오른 뒤에도 그의 교육은 계속 그의 조모가 책임졌다. 후에 그는 "나의 어린 시절을 돌이켜보면, 믿고 의지할 사람을 일찍 잃어 조모의 무릎에서 삼십년 동안이나 가르침을 받아 성인이 되었다『청성조어제문집淸聖祖御制文集』"고 회고했다. 현엽은 즉 청성조聖祖 강희황제로 5세 때부터 글자를 익히고 책을 읽기 시작하여 평생 공부하는 것을 싫증내지 않으면서 독서를 즐거움으로 삼았다. 그리고 경사자집 및 서방의 자연과학 예를 들면 천문, 역산曆算, 물리 등에 비교적 전면적이면서도 풍부한 지식을 갖추었다. 그의 문치와 무예는 중국 봉건사회에서 한무漢武, 당종唐宗, 송조宋祖 등과 견줄만하여

'흑칠묘금산수대필통黑漆描金山水大筆筒' 일본에서 청왕조에 바친 칠기를 한 뒤 그 위에 금으로 그림을 그린 필통.

중국의 전통 가정교육

한 시대를 대표할 유능한 제왕이라고 칭송되었다.

　강희황제의 학습장소는 주로 남서방南書房이었다. 서방은 본래 관리들이 독서를 하고 공부를 하던 곳으로 청나라가 정권을 장악하기 전까지 유신儒臣들이 당직했던 장소였다. 강희는 옛 명칭을 사용하면서 자금성에 남서방과 상서방上書房을 지었다. 상서방은 황제의 자제를 가르치는 사부師傅가 독서하고 공부하는 장소였으며 남서방은

천일각天一閣 보서루寶書樓: 천일각은 명대明代에 창건되어 청대를 거쳐 오늘에 이르는 현존하는 최고의 장서관藏書館이다.

내정에 입직한 한림들이 시詩, 사詞, 서書, 화畵 등으로 황제를 시봉하는 장소로 제공되었다. 강희16년(1677) 전까지 그는 계속 남서방을 자신의 서재로 삼았으며, 16년 6월 이후로는 유신들이 입직하기 시작했다. 남서방은 강희황제가 글을 배우고 문장을 지으며 역사책을 읽고 경전을 논했던 곳으로 역대 통치의 경험과 교훈을 받아들이고 한족의 유구한 문화전통을 받아들이며 서방의 자연과학지식을 배우는 데 매우 중요한 작용을 했던 곳이다.

　강희의 학습은 계몽교육, 정규교육, 독자적으로 학문을 세우는 세 단계를 거쳤다. 계몽교육은 전통적인 보부保傅 교육으로 태감太監들의 보호와 지도아래 진행되었으며 주로 문자를 배웠다. 청나라 귀족들은 한족과 만주족 문자를 배웠는데 강희도

고궁

예외는 아니었다. 그는 5세 때 글자를 익히기 시작하여 한족, 만주족의 문자를 사용했다. 정규학습은 강희 9년 경연을 설치하여 날마다 강의를 한 것에서 시작했는데, 이렇게 경연에서 매일 강연하는 것에는 한계가 있었다. 이처럼 형식화된 교학은 지식에 대한 그의 갈망을 만족시키지 못했다. 따라서 그는 한림에게 남서방에 입직하여 문의文義를 강의하고 더불어 그의 붓글씨 연습을 지도해주기 바랐다. 많은 문신이 남서방에서 직무를 맡았는데, 이들 모두는 한림원에서 학문이 출중한 학사들이었다. 그중 한림원 시강학사로서 장영張英과 북경을 두루 살펴본 절강의 가난한 선비 고사기高士奇는 그의 학습을 지도함에 가장 큰 도움을 주었다. 그 다음으로 진연경陳延敬, 왕사정王士禎, 이광지李光地, 왕홍서王鴻緒, 주이존朱彝尊, 방포方苞, 심전沈筌, 웅사리熊賜履 등 당시에 이름이 널리 알려진 박학한 사들이 모두 남서방에서 일한 적이 있으며, 이들 모두 강희왕제의 선생이 되었다. 그는 남서방에서 열심히 경사를 연구했을 뿐만 아니라 남북을 시찰하고 심지어 전쟁터에서도 틈이 날 때마다 쉬지 않고 공부했다. 한번은 남쪽을 순찰할 때, 배가 연자기燕子磯에 정착하자 그는 밤에 등불을 켜놓고 늦게까지 책을 읽었다. 수행한 시강학사 고사기가 황제의 몸이 쇠약해질까 걱정이 되어 그에게 "적당히 공부를 하면서 몸을 보존하십시오"라고 했지만 그는 쉬지 않았을 뿐만 아니라 오히려 다섯 살 때부터 독서하는 즐거움을 천성으로 삼았다고 대답했다.

강희황제의 학습내용은 광범위했는데 처음에 배운 것은 당시 유행했던 계몽도서였다. 17세 때 비로소 정식으로 사서오경을 배웠다. 무릇 그가 배운 사서오경은 모두 무영전武英殿의 수서처修書處에서 집필 · 간행한 것으로 예를 들면『상서강의尙書講義』,『일강역경강의日講易經講義』, 『일강시경해의日講詩經解義』,『일강춘추해의日講春秋解義』,『사서해의四書解義』,『경연강장經筵講章』 등이다. 그밖에 그가 손수 쓴 시문집 176권이 있다. 서방의 자연과학, 천문, 지리, 수학, 의학 등에 이르기까지 미치지 않은 곳이 없으며 어떤 것은 매우 훌륭하였다. 그에게 자연과학을 전수한 중국학자로는 웅사리熊賜履, 엽방애叶方藹, 이광지李光地 등이 있고 외국선교사로는 남회인南怀仁, 백진白晋, 장성張誠, 탕약망湯若望 등이 있다.

강희황제康熙皇帝

그는 재위기간 60년 동안 쉬지 않고 배워, 중국 봉건사회의 제왕 중 전례 없는 학술성과를 이루었다. 이러한 학술성과는 다음과 같다. 첫째, 사회의 의식형태에서 정주리학을 새롭게 설립하여『주자전서朱子全書』,『성리정의性理精義』를 편찬하고 더불어

고궁古宮

정주리학程朱理學의 사상원칙을 정치에 이용해서 청왕조의 봉건통치를 안정시키는데 중대한 작용을 했다. 둘째, 대규모의 천문, 교학, 약리총서인 『율력연원律歷淵源』을 편찬하고 그가 수십 년 동안 축척한 초고와 심혈을 기울여 쓴 수학 부분의 자료를 모아 전집으로 편찬했다. 셋째, 부분적으로 서방의 자연과학 저작을 번역했다. 예를 들면 유클리드歐几里德, Euclid의 『기하원본几何原本』, 파체사巴蒂斯의 『실용과 이론기하학實用和理論几何學』이다. 또한 『비례규해比例規解』, 『측량고원의기測量高遠儀器』, 『팔선표근八線表根』, 『차근방산법해요借根方算法解要』 등 십여 종의 만주족과 한족의 수학서적을 편찬하여 원나라 중기에 중단되었던 수학교학을 회복했다. 넷째, 이전에 없었던 전국지도의 측량을 실행하고 더불어 『황여전람도皇興全覽圖』를 제작했는데, 이것은 세계지리학사에 커다란 업적을 남겼다. 다섯째, 매우 영향력을 가진 자전 『강희자전康熙字典』, 사전 『패문운부佩文韻府』, 유서 『연감유함淵鑑類函』, 『고금도서집성古今圖書集成』, 시집 『전당시全唐詩』, 식물학대전 『광군방보廣群芳譜』, 사서 『명사明史』 등을 편찬했다. 통계자료에 의하면 강희의 지지 아래 그의 재위기간에 편찬된 서적은 매우 많았는데 모두 실록實錄·성훈聖訓류 6종, 어제御制시문 1종, 전칙典則 3종, 방략方略 4종, 경학經學 9종, 사학史學 4종, 자학字學 2종, 여

≪할원밀률첩법割圓密率捷法≫
청대清代의 수학數學책.

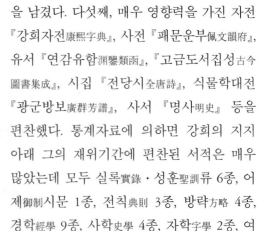

중국의 전통 가정교육

지輿地 4종, 천문天文율산律算 10종, 유서類書 7종, 총집 9종, 유찬類纂 4종이다.16)

강희황제는 수십 년의 학습기간 속에서 풍부한 학습과 수양경험을 축적했으며, 황제자손의 교육과 관련된 경험을 쌓았다. 이러한 경험을 황가의 후대에게 남겨주기 위해 그는 손수『가훈격언家訓格言』을 썼는데, 후에 애신각나愛新覺羅 황가 및 귀족의 가정교육교재가 되었다.

16) 『청대궁연사淸代宮延史』, 만의万依 등 저작, 136~137쪽. 요녕인민출판사遼寧人民出版社, 1990년판年版 참고.

## 12. 장張씨 어머니의 가정교육

청조의 대학사大學士 장영張英의 아내 요姚씨는 힘써 행하고 말과 행동으로 모범을 보인 현모양처로서 강희황제의 특별한 칭찬을 받았는데, 그녀의 미덕과 가정교육은 지금까지 전해진다.

요씨는 안휘安徽 동성桐城 사람으로서 학식과 예의가 있는 가난한 수재의 집안에서 태어났다. 어려서부터 독서를 하여 사리에 밝고 현명하며 지혜가 있으면서 재능이 있는 여자였다. 당시에 그녀에게 청혼하는 부호들의 발길이 끊이지 않았지만, 요씨는 빈부를 중시하지 않고 그것을 누리려고도 하지 않았기 때문에 아무 것도 가진 것이 없는 가난한 학자 장영을 선택했다. 요씨의 부모는 딸의 선택을 존중하고 그가 자신의 정직함과 근면함으로 행복하고 아름다운 가정을 꾸리기를 바랐다.

요씨는 장영에게 무한한 즐거움과 배움의 동기를 불어넣었다. 그녀는 열심히 집안일을 하며 농사를 짓고 베를 짜서 장영이 전심전력하여 공부할 수 있도록 도왔다. 저녁에는 남편과 함께 시문경서를 공부하며 학문을 토론하고 연구했다. 현명한 아내의 도움 아래 장영의 학문은 끊임없이 진보하여 후에 진사에 합격해서 천하 사람이 흠모하는 한림이 되었다.

장영이 한림원에서 일을 하게 되었지만, 봉록이 그다지 많지 않고 가정 경제도 어렵고, 게다가 연이어 자식까지 생기는 바람에 생활이 몹시 어려웠다. 장영은 직책을 수행하는 것 외에 가정의 생계에 대해 어떻게 손을 쓸 수 없었다. 하지만 아내는 그런 장영을 조금도 원망하지 않았다. 그녀는 청빈한 삶이 습관이 되었을 뿐만 아니라 절약하는 방법으로 난관을 잘 극복했다. 집안이 매우 가난하자 그녀는 전당포에 의복을 맡기거나 외상으로 쌀과 돈을 빌려 당장 급한 일을 해결하곤 했다. 비록 가난했을지라도 그녀는 현재의 상황에 만족하면서 분에 넘치는 생활을 해서는 안된다고 자녀를 타이르고 남편을 위로했다.

한번은 친구 한 명이 장영의 집안이 매우 가난하다는 것을 알고 큰 돈을 보냈지만 장영은 끝내 받지 않았다. 집으

청대清代 북경北京에 있던 점포를 그린 청대의 그림.

중국의 전통 가정교육

로 돌아온 후 장영은 아내와 이 일에 대해 이야기
했는데 아내는 남편의 행동을 지지했으며 더불어
"집이 가난해서 금 5～10냥을 받으면 하인들이 모
두 기뻐하며 서로 전할 것입니다. 그런데 다른 사
람의 돈을 받을 이유가 없는데 사람들이 돈이 어
디에서 왔느냐고 물으면 어찌 부끄럽지 않겠습니
까? 사람은 집이 가난한 것을 두려워하기보다는
뜻이 부족한 것을 두려워해야 합니다"라고 말했
다. 이 말은 들은 남편은 기뻐했고 옆에 있던 자녀

'보제질점普濟質店'라 써있는
청대 전당포 간판.

들도 크게 감동했다. 후에 장영의 관직은 점점 높
아져 봉록도 많아지고 가정형편도 점점 나아졌다.
그러나 이렇게 형편이 좋아졌을 지라도 아내는 예
전과 다름없이 근검절약하며 자녀들에게도 절약
하도록 했다. 어느날 친한 친구가 여노비를 장영
의 집에 보내 요씨를 돕도록 했다. 장씨의 집에 도
착한 후, 노비는 마침 한 부인이 낡은 옷을 꿰메고
있기에 그녀가 장가의 하인이라고 생각하여 "부인
이 어디에 있나요?"라고 생각 없이 물었다. 부인은
온화하게 일어나면서 "바로 나요"라고 대답했다.
노비는 그녀가 바로 이름이 높은 대학사의 부인이
라는 것을 보고 놀라움을 감출 수 없게 되었고, 매
우 부끄러워하면서 그를 존경하지 않을 수 없게
되었다. 장영도 언제나 청렴하게 정치를 하는 정
조를 유지했다. 60세 때, 그는 아내에게 손수 솜으
로 방한복을 지어달라고 했다. 남편도 아내의 뜻
을 따라 근검절약을 집안의 가풍으로 삼아 자신에

게 평생 청렴한 이름이 따라다니도록 했을 뿐만
아니라 그 자녀들에게도 보이지 않는 교육이 되게
했다.

　장영은 조정에서 관직을 맡은 후 정사가 매우
바빠 집안일과 자녀교육을 거의 아내에게 맡겼다.
4남 1녀의 모친으로 요씨는 책임을 저버리지 않고
자녀의 교육을 책임졌다. 낮에는 열심히 베를 짜
면서 한편으로 자녀의 학업을 독촉하고 지도했다.
현명한 모친은 오랫동안 자녀의 교육에 심혈을 기
울였으며 그의 네 명의 아들 장연찬張延瓚, 장연옥
張延玉, 장연로張延璐, 장연록張延琭은 후에 모두 진
사가 되고, 딸 장령의張令儀는 박학다식하여 『두창
집蠹窗集』을 지었다. 네 아들 중 장연옥은 특히 출
중하여 부친에 이어 진사에 합격한 후, 한림원에
들어갔고 남서방에서 일하면서 강희황제에게 경
사를 강의했다. 강희황제는 일찍이 좌우 대신들에
게 "장연옥의 형제들에게는 아버지의 훈계뿐만 아
니라 어머니의 교육도 한몫을 담당했다(『청사고淸
史稿·열녀列女』)"고 했다.

　자녀의 성장은 부모의 교육과 무관하지 않다.
좋은 가풍을 세우기 위해서는 부모가 솔선수범하
여 말로 전하고 몸소 실천에 옮기는 것이 필요하
다. 요씨는 장영의 현명한 처로 근검절약하여 집
안을 유지하고 환난이 있을 때 한결 같은 마음으
로 남편이 부정한 돈을 받지 않고 청렴하도록 요
구했다. 그리고 그녀는 자녀들의 어진 어머니로

근검절약을 잊지 않도록 가르쳤다. 또한 그녀는 자녀의 교육에 온 힘을 기울였을 뿐만 아니라 자녀를 인재로 양성했다. 이처럼 한 집안의 흥성은 어머니와 밀접한 관계가 있음을 알 수 있다.

## 13. 『오종유규五种遺規』

『오종유규』는 중국 고대 관리집안의 가정교육에서 중요한 교재 가운데 하나로 청대 진굉모陳宏謨[17]가 편찬한 것이다. 『오종유규』는 가정교육의 총집으로 「양정유규養正遺規」, 「교녀유규敎女遺規」, 「훈속유규訓俗遺規」, 「총정유규總政遺規」, 「재관법계록在官法戒彔」 등 다섯 부분으로 구성되어 있는데, 한대부터 청대에 이르기까지 약 80명의 유명한 신하나 학자들이 지은 저술과 관련된다. 그중 송과 명·청의 작품이 많은데 그 내용은 계몽, 양성養性, 여자교육, 수신, 치가, 처세, 거관居官, 독서, 교육 및 기타 방면에서 관리의 도 등을 포함한다. 『오종유규』는 출판된 후 봉건 사대부가에 널리 전해졌으며, 청말 중학당中學堂에서 수신과修身科의 교재로 사용되었다.

「양정유규養正遺規」는 당시 사회에서 과거에 합격하여 공명을 추구하려는 것과 실제적인 것을 추구하려 하지 않는 사회적 분위기에 근거하여 편찬되었다. 이것의 주요 내용은 양성養性, 수신, 아동

17) 진굉모陳宏謨[1696~1771], 이름은 홍모紅毛, 자는 여자汝咨, 호는 용문榕門, 광서廣西 림계臨桂 사람으로 청옹정雍正 원년 (1723)에 진사로 평생 관리가 되어 30년 동안 관직을 맡았다. 12개의 성의 관직을 맡았으며 최후에 관직이 동각대학사東閣大學士 겸 공부상서工部尚書를 맡았다.

의 계몽교육, 도서목적, 학습방법과 태도 등이다. 이것은 관리집안의 가정교육으로서 어릴 때부터 후손을 바르게 키우기 위함이 목적이다. 『양정유규』는 주희의 『백록동서원게시白鹿洞書院揭示』를 첫 편으로 하여 진굉모가 말을 덧붙여 편집한 것이다. 그가 "특별히 이것을 책의 첫번째 내용으로 한 것은 부모와 형제로 하여금 모두 이것의 뜻을 알게 하고 자식을 가르쳐 그들이 알도록 하는 것이다. 어릴 때부터 어버이를 사랑하고 어른을 공경하는 것을 알도록 하는 것은 사람 됨됨이의 시작이자 배움의 근본이다. 책을 읽어 관리가 되려는 세속적인 욕심으로 좋은 뜻을 나쁘게 해서는 절대로 안 된다"고 했다. 이 의미는 독서라는 것은 '명인론明人論'을 기초로 아이의 도덕적 인격 배양을 중시하고 사람 됨됨이를 배우도록 하는 것으로, 독서의 목적은 덕성을 기르는 것에 있는 것이지 과거에 합격하여 공명을 획득하는데 있는 것이 아니라는 것이다. 『양정유규』 최초의 판본은 청건륭 4년(1739)에 판각된 것이다.

「교녀유규敎女遺規」는 당시 여자교육과 관련된 교재다. 진굉모는 과거에 여자교육을 홀시한 것에 반대하여 여자도 교육을 받아야 한다고 생각했다. 비록 여자들은 영아기를 지나 규방에서 생활하기에 남자들처럼 밖에 나가 스승을 모시면서 공부하고 더 깊이 배울 기회가 없지만, 여자를 가르칠 필요가 없다고 생각하는 것은 말도 안 되는 것이라고 생각했다. 그는 평소에 부모가 사랑으로 감싸는 동시에 "엄격한 말, 법규나 하지 말아야 할 일을 매일 진술하여 딸에게 그것을 느끼고 모방하도록 해야 한다"고 했다. 이렇게 하면 "덕성 함양에 유리하다"고 했다. 따라서 그는 "고금의 여자를 가르친 책 및 여자의 덕과 관련된 자료를 모두 수집하여 책 한 권을 지었다. 일은 평범한 것을 취하고 이치는 알기 쉬운 것을 취해 세상 사람들이 아들을 가르치는 모든 것을 이용하여, 여자를 가르쳐야 한다(『배원당우존고培遠堂偶存稿·교녀유규서教女遺規序』)"고 했다. 진굉모는 여자교육을 중시하는 이유를 다음과 같이 말했다. 모친은 자녀를 가르칠 의무가 있다. 따라서 현모가 있은 뒤에 현명한 자손이 있다고 하였다. 아내는 남편에게 조언할 책임이 있어 국왕의 정치는 규문에서 나온다고 할 수 있다. 현명한 아내가 지식이 넓으면 남편은 밖에서 관리를 함에 청렴할 수 있는데, 이것은 국가와 가정에 모두 유익한 것이다. 「교녀유규」에 담긴 내용은 정부貞婦, 열녀, 현모, 현처, 규범閨範, 모훈母訓 등으로 주로 봉건시대 여성의 덕성을 찬양한 전집이다. 이 책은 건륭7년乾隆7年[1742]에 편집·간행되었는데 그 영향력이 매우 컸다.

「훈속유규訓俗遺規」도 건륭7년에 완성된 것으로 내용이 비교적 복잡한데 왕수인王守仁의 『고유告諭』 등이 그 책에 수록되어 있다. 이

건륭乾隆 황제

책은 고금에서 가장 대표적인 향약鄕約, 종약宗約, 회규會規 등을 모아 편집했으며, 어떻게 자녀를 훈계하고 노비를 다스릴 것인가에 관한 많은 경험담이 실려있다. 또한 집안을 다스리는 격언, 명인의 유언 같은 내용 등이 실려 있다. 이 책은 사대부의 자제 및 지방관원으로 재직하고 있는 사람을 위해 편집한 것으로 그 뜻은 그들에게 천하의 정치를 알게 하고 예의로써 풍속을 교화하고, 향리에서 종족간의 모순과 충돌 그리고 '윗사람을 범하여 혼란하게 하는 행위' 등을 초기상태에서 없애려는 것이다. 그는 현명한 관원이 이 책으로 백성을 교화한다면 백성은 점점 선량하게 되어 지방정치는 자연히 질서가 잡힐 것이라고 말했다.

「총정유규總政遺規」라는 책도 건륭7년에 완성되었는데, 관리가 된 사람들이 좌우명으로 삼을 수 있는 잠규와 모범이 될 만한 인물의 언행을 선집한 것으로서 내용이 비교적 간단하다. 예를 들면 관리의 좋고 나쁨을 어떻게 구별하고 관리가 거함에 어떻게 근검절약하고 공정할 것인가, 어떻게 실수하지 않고 공무를 처리할 것인가, 어떻게 형벌을 적용할 것인가, 어떻게 자성하도록 하고 어떻게 정치적인 소질을 높일 것인가 및 어떻게 개인의 도덕수준 등을 높일 것인가 등이다. 진굉모는 관부의 부패를 개혁하고 정치가 잘 이루어져 민심이 좋도록 하기 위해서는 관리가 제대로 공무를 집행하는 것이 무엇보다 중요하다고 생각했다.

중국의 전통 가정교육

그러나 이것은 형벌로만 되는 것이 아니라 반드시 정치계에 있는 관리들을 교육하여 과거의 고훈古 訓과 역대에 청렴정직하고 정사에 모범이 된 명신 의 언행에 근거하여 스스로 수양하고 사람을 다스 리는 책임을 다하도록 만드는 것이 필요하다고 생 각했다. 따라서 『총정유규』에서는 재직하고 있는 관리들이 열심히 배워 힘써 실행에 옮겨야 할 뿐 만 아니라 관리 집안이 반드시 가정교육으로 삼도 록 하여 관리집안의 자제가 관리가 되기 전에 관 리가 될 수 있는 소양교육을 받도록 했다.

「재관법계록在官法戒彔」은 건륭8년 4월에 완성됐 다. 주로 관부에서 직책을 맡고 있는 서리胥吏들을 위해 편집되었다. 진굉모는 중국 역대의 관료정치 제도에 존재하는 '관리는 짧은 기간 일하지만 서 리들은 오랜 기간 일하는' 현상을 참작하여 관청 에서 일을 하는 서리의 교육을 강화시키도록 제시 했다. 그리고 지방관은 조정에서 파견되어 임기가 되면 전임시켰다. 그러나 주현의 관청에 있는 서 리(오늘날의 기관에서 일하는 사람에 해당함)는 오히려 관청에서 오랫동안 임직하므로 그들의 좋 고 나쁜 정도가 정책의 분위기에 직접적으로 영향 을 미치며 백성들이 정부에 대한 태도에 직접 영 향을 줌으로 그들의 교육도 간과할 수 없다고 생 각했다. 『재관법계록』은 사서에 있는 선량한 관리 의 선행과 사악한 관리의 악행을 수집하여 평론을 더한 것이다. 그 목적은 서리들에게 선한 자를 보고 모범을 삼고 악한 자를 스스로 경계하도록 한 것이다. 동시에 서리들이 많은 책을 읽고 그 의리를 세밀하게 알도록 했으며, 전대의 사람을 거울로 삼아 스스로 수양하는 것을 강화하도록 주장했다.

## 14. 호종서胡宗緒의 어머니가 자식을 가르친 방법

청대 옹정擁正년간의 국자감 사업司業 호종서는 10세 때 부친을 잃자 모친이 열심히 농사일을 하며 베를 짜서 그를 뒷바라지 하여 후에 탁월한 학자가 되었다. 호종서는 평생 어머니의 큰 은혜를 잊지 않았고 많은 부모들은 호종서의 어머니를 존경했다.

호종서의 어머니는 원래 반가潘家의 귀한 딸로 태어났으며 부모는 그를 동성桐城의 지식인인 호미선胡弥禪과 짝을 지어주었다. 호미선은 아직 공명을 드러내지 못하고 한을 품은 채 세 명의 아들과 아무 것도 없는 몇 칸의 초가집만 남겨두고 일찍 죽었다. 당시 장자 호종서는 겨우 10살이었고 두 명의 동생은 이 보다 더 어렸는데 관 앞에서 네 식구가 통곡하는 모습이 매우 처량했다. 특히 장자 호종서는 집이 가난하여 일찍 철이 들어 아버지가 돌아가시자 "아버지! 당신이 어떻게 이렇게 가시나요. 어머니와 저희들은 어떻게 합니까? 아버지! 아들이 더 배울 수 없게 되었군요. 저는 더 배우고 싶어요!"라며 한 마디 한 마디 비통하게 소리를 내면서 통곡을 했다. 소리마다 통곡이요, 말마다 눈물로 이어져 마치 어머니의 가슴을 칼로 찌르는 것 같았다. 모친은 이런 자식을 품안에 꼭 껴안으면서 아들에게 "아들아, 엄마가 있잖니!"라고 맹세하듯이 말했다.

호종서의 어머니는 눈물을 닦으며 죽은 남편을 묻었다. 그 다음날 그녀는 아픈 몸을 이끌고 호종서를 데리고 집에서 멀리 떨어진 사숙私塾으로 가서 선량한 사숙선생에게 그를 받아줄 것을 구원했다.

그녀는 이때부터 낮에는 남자들이 하는 일도 마다하지 않고 일하고, 밤에는 옷을 꿰매고 베를 짰다. 이렇게 밤낮없이 열심히 일한 것은 모두 아들을 가르치기 위해서였다. 그녀는 매일 새벽닭이 세 번 울면 일어나서 아들에게 줄 죽을 끓였는데, 아들이 죽을 다 먹은 후 집을 떠날 때야 비로소 날이 밝았다. 선량한 모친은 늘 아들이 무서워할까 걱정이 되어 마을 밖에 있는 산마루까지 데려다 주고, 아들의 그림자가 보이지 않아서야 비로소 집으로 돌아왔다. 저녁이 되면 그녀는 아무리 바빠도 밖으로 나가서 아들을 데리고 왔다. 저녁을 먹은 후에는 종서를 곁에 앉혀 놓고 계속 책을 읽혔으며, 아들에게 얻기 힘든 기회를 얻었으니 소중히 여겨 열심히 공부하고 시간을 낭비하지 않도록 훈계했다.

등불 아래서 모친은 베를 짜면서 아들이 책 읽는 소리를 주의 깊게 들었다. 이렇게 하루하루가 지나고 한 달이 넘어 어느덧 삼년이라는 시간이 흘렀다. 종서는 열심히 공부하여 진보가 빨랐고, 이에 호종서의 어머니는 매우 기뻐했다. 그러나 자상한 어머니는 아들이 독서에 대한 흥미가 매우 깊어 어떤 책이든 가리지 않고 읽는 것을 알고 그가 나쁜 길로 빠질까 걱정이 되었다. 따라서 종서에게 읽은 책을 항상 그녀에게 말하도록 했다. 그러한 후 자신의 사회경험과 경력으로 아들이 학습할 내용을 선택하도록 도왔다. 어느 날 그녀는 아들이 정주程朱의 책을 읽는 것을 들었는데, 그 내용은 모두 사람의 도리에 대한 것이었다. 그녀는 벌떡 일어나서 아들에게 이러한 책을 많이 읽어 정주가 사람을 가르친 대의大義를 깊이 새기도록 하고, 몸소 익혀 실행하라고 했다. 이렇게 해야 비로소 그녀가 바라는 사람이 되며 국가의 큰 일꾼이 될 수 있다고 했다. 또 한번은 종서가 사마상여司馬相如의 『미인부美人賦』를 읽는 것을 듣고 매우 화가 나서 곧바로 아들에게 읽지 못하도록 했다. 그리고 그 후 다시는 이러한 문장을 읽지 못하도록 했다.

호종서의 어머니는 자식에 대한 교육이 매우 엄격했을 뿐만 아니라 일상생활의 사소한 것에서도 아이를 계발하고 지도하는데 주의하면서 정직한 품덕을 기르도록 했다. 아들이 외출할 때는 항상 정도를 가도록 신신당부했다. 아들이 집에 돌아오기를 기다린 후, 만약 옷이 풀잎에 있는 이슬로 젖어 있으면 그녀는 대나무 회초리를 들고 와서 아들을 때리면서 "왜 정도를 걷지 않느냐? 어려서부터 습관이 좋지 않아 정도를 걷지 않으면 성인이 되어 어떻게 올바른 일을 할 수 있겠느냐? 너는 사악한 길은 사람을 헤치는 진흙의 도가니임을 알아야 한다. 오직 바르게 행해야만 비로소 올바른 군자가 될 수 있느니라"고 질책했다. 그녀는 구체적인 상황에 따라 일을 처리하도록 하고 사물을 예로 들어 비유하면서 아들에게 사람 됨됨이의 도리를 말했다.

호종서의 어머니는 집안이 너무 가난해서 매일 덩굴 식물과 야채로 끼니를 때웠지만 자식에게는 보리로 죽을 끓여서 먹였다. 만일 아이들이 조금의 죽이라도 남기면 그녀는 먹기가 아까워서 남겨 놓았다가 학교에 다니는 아들에게 저녁에 공부할 때 먹도록 했다. 후에 피로가 쌓여 병이 들자 가정생활을 이어나갈 방법이 없게 되었다. 철이 든 호종서는 학업을 중단할 수밖에 없게 되었다. 아이들이 한때의 어려움으로 학업을 중단하지 않도록 하기 위해서 어머니는 종서에게 하루의 일이 끝난 후 밤에는 그녀의 잠자리 곁에서 독서를 하도록 했다. 그러면서 그녀는 자신의 아픔을 참고 아들의 학습을 도와주었다.

모친의 정성스런 보살핌과 지도로 호종서는 학업에서 커다란 진보가 있었을 뿐만 아니라 점점 성실하고 정직한 품덕을 배양했다. 옹정 8년(1730) 호종서는 모친의 교육과 기대를 저버리지 않고 한 번에 진사에 합격하여, 후에 그 관직이 국자감 사업에까지 이르렀으며 덕과 재능을 겸비한 자로 청대 사람들의 존경을 받는 유학대사가 되었다. 이에 호종서의 어머니가 자식을 가르친 방법 역시 세상 사람들의 흠모를 받았다.


## 15. 아극돈阿克敦이 자식을 가르친 방법


청대의 대학사 아극돈阿克敦은 만주인으로 건륭乾隆년간에 진사進士가 되어 일찍이 형부刑部에서 일을 했는데, 형률刑律에 조예가 매우 깊었다. 그의 아들 아계阿桂도 후에 형부의 직책을 맡았는데 형률에 대해서도 특별한 공로를 세웠다. 이렇게 아계가 인재가 될 수 있었던 것은 사실 부친의 교육 덕택이라고 할 수 있다.

일반 사대부들이 자식을 가르친 방법과 달리 아극돈은 일상생활을 통해 아들에게 문제를 연구하고 처리하는 방법을 전수했다. 그는 아내와 대화를 통해 아들에게 문제를 제시하고 아들로 하여금 독립적인 사고를 갖게 하여 자신의 의견을 말하도록 하고 그러한 후, 구체적인 상황에 따라 가르침을 베푸는 것으로 아들의 실제적인 학문과 정치적 능력을 배양했다. 고대에 관리는 독립적으로 형률을 처리하는 능력이 있어야 했다. 형률 관계는 중대한 것으로 가벼운 죄를 지은 자는, 한 사람 나아가 한 가정의 안전과 위험에 관계되고, 무거운 죄를 지은 자는 현縣, 주州, 심지어 국가의 정치적인 혼란과 관계되었다. 아극돈은 아들이 커서 관리가 되기를 바랐다. 그래서 그는 아들의 교육을 매우 중시했다.

아극돈은 형부에서 집으로 돌아오면 매일 부인과 함께 법률에 대한 사례를 얘기했다. 그의 아들 아계는 이러한 사례를 옆에서 열심히 듣고 있다가 어쩌다가 한 두 마디씩 끼어들게 되었고, 이러한 과정에서 그는 법률에 대한 관심이 점점 깊어졌다.

아계가 관리가 되어 관가로 가기 전, 아극돈은 아들이 형과 법률에 대해 얼마다 이해하고 있는지 알고 싶었다. 어느 날 손님이 온 틈을 빌어 아극돈이 손님과 형법에 대한 이야기를 할 때, 아계가 옆에 앉아서 듣고 있었다. 이야기를 하다가 아극돈이 말없이 천장을 쳐다보며 어떤 생각에 잠겨있는 듯했다. 마침 아들이 이상하게 생각하자, 아극돈이 갑자기 몸을 돌려 아계에게 "조정에서 만일 너를 형관으로 고용했다면 이 범죄를 어떻게 다스리겠느냐?"고 물었다.

아계는 아직 생각이 준비되지 않고 손님 또한 옆에 있다는 것을 감안하여 아직 형률에 대해 배우지 않았기 때문에 함부로 말을 하지 못하겠다고 말했다. 아극돈이 고개를 끄덕이며 가볍게 "그 의미가 틀려도 괜찮다. 잠시 그 뜻을 말해보거라"고 말했다.

부친의 뜻이 이와 같음을 알고 아계는 자신감 있는 태도로 "법은 반드시 그 죄에 따라 실행해야 합니다. 죄가 가벼우면 가볍게 처벌하고 죄가 무거우면 엄하게 처벌해야 합니다"라고 말했다. 이렇게 말을 끝내면서 자신만만하게 손님을 향해 웃었다. "이 자식이 장래에 우리 집안을 망하게 하겠구나! 너는 죽어도 마땅하다"며 아극돈은 갑자기 화를 내며 아들을 질책하기 시작했다. 아계는 아버지가 이렇게 화내는 것을 보자 내막을 알지 못해 땅에 엎드려 황공스럽게 "아들이 무지하니 대인께서 그것을 가르쳐 주십시오. 감히 잊지 않겠습니다"라고 말했다.

아극돈이 정색을 하며 "천하에 완전한 사람은 없다. 죄가 열이면 대여섯 개로 처리해도 매우 심해 감당하기 어려운데 어찌 모두 처리할 수 있겠느냐? 뿐만 아니라 아주 작은 죄라도 그 죄를 다스릴만한 것이 충분하겠느냐? 만약 작은 죄에도 모두 작은 법이 있고 큰 죄에도 모두 큰 법이 있다면 일찍이 천하는 감옥이 되지 않았겠느냐? 아들아

청대清代의 과거제도科擧制度를 풍자諷刺한 오경재吳敬梓가 쓴 ≪유림외사儒林外史≫

들어 보거라, 인간으로서 지은 범죄에
는 모두 객관적인 원인과 동기가 있다.
따라서 실수로 범죄를 지은 것과 고의
로 범죄를 지은 것에 대한 구분이 있어
야 하며, 몰라서 지은 범죄와 알면서 지
은 범죄가 서로 다르니 형벌을 내릴 때
이것을 고려해야 할 뿐만 아니라, 범인
이 죄를 인정하고 그 법에 따를 것인지
아닌지를 알아야 한다. 더불어 범인에
게 잘못을 뉘우칠 기회도 주어야 한다.
인간은 성현이 아닌데 누가 잘못이 없

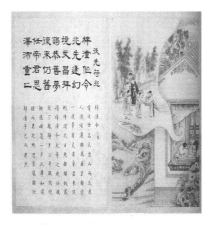

청대淸代 포송령蒲松齡이 지은
≪聊齋志異≫를 그림으로 그린 책.

겠느냐? 관리가 된 자는 법률로 사람을 가르치고
집법자는 반드시 법률수단으로 국가의 안정을 보
호할 것을 고려해야 한다. 그렇지 않고 엄한 형벌
과 가혹한 법으로 백성의 죄를 다스리게 된다면
천하가 어찌 혼란하지 않겠느냐!"고 말했다. 아계
는 이 말을 듣고 형법에 관련된 지식이 매우 적음
을 깊게 깨달았다. 후에 그는 형부의 일을 맡게 되
었는데 사건을 처리함에 매우 신중했으며 어려운
문제에 부딪치면 늘 집으로 돌아와 부친에게 가르
침을 구했다.

아계가 형부의 일을 맡고 있을 때, 당시 사회에
서는 범죄가 창궐했다. 따라서 황제는 죄를 엄중
하게 처리하도록 명령하여, 그 결과 범죄를 강력
히 단속해서 뚜렷한 효과를 거뒀다. 이때 형부에
있던 관리들은 청렴했으며 나아가 『형부칙례刑部

則例』를 새롭게 수정하고 이러한 중벌사례를 『칙례則例』에 넣어 이후 그 사례를 따르도록 했다. 이에 대해 아계는 신중한 태도를 보이며 잠자코 있었다.

그러나 많은 사람들은 아계의 지지를 받기 위해 앞다투어 권고했다. 그리고 만약 아극돈이 이 일을 지지한다면 반드시 성공할 것이라는 것도 사람들은 잘 알고 있었다. 따라서 아계를 설득하여 그의 부친을 설득하고자 했다. 아계는 집으로 돌아온 후 이러한 사안을 『형부칙례』에 넣는다면 범죄를 줄이는데 유리하다고 아극돈에게 말했다. 그런데 아극돈이 이 말에 대답하지 않자 아계는 더 이상 말할 수 없었다. 그러나 며칠 뒤 부친의 마음이 기쁜 틈을 타서 이 일을 다시 말했다.

아극돈은 이처럼 사리에 어두운 아들을 보고 속으로 참으면서 "너는 어찌 이렇게도 사리에 어두우냐? 지금 형명刑名을 엄중히 하면 임시변통되겠지만, 형벌로써 형벌을 금하게 하는 꼴이 된다. 만약 이 사건을 사례에 넣는다면, 이후 형관들이 이것을 사례로 이용하여, 많은 사람들이 그 해를 입게 될 것인데, 이를 어찌 덕을 숭상하고 형벌을 완화시키는 도리라 하겠느냐?"고 말했다. 부친의 이 말은 아계를 크게 깨닫게 했다. 형부로 돌아와서 그는 모든 사람을 과감하게 설득하고 저지하여, 하마터면 실수할 뻔한 일을 면하게 되었다.

아극돈이 구체적인 사실과 실용적인 학문으로

아들을 교육시킨 방법은 확실히 아들의 독립적인 사고능력과 정사능력을 배양했다. 이러한 교학방법은 후세대에게 귀감이 될만한 가치가 있다.

## 16. 임칙서林則徐의 가훈家訓

청대의 명신 임칙서는 모든 사람이 알고 있는 민족영웅이다. 그의 성장은 부친 임빈일林賓日의 가정교육과 관련된다. 임칙서는 어디에서 관리를 하든지 그의 방에는 언제나 부친이 손수 쓴 대련對聯을 걸어 놓았다.

> 하루하루 먹고 사는 일에 대한 복은 아버지 대에 이미 누렸다.
> 아들아, 제가치국평하齊家治國平天下에 대해 신중하게 생각하거라.

이 대련은 후에 임가의 가훈이 되었는데 임칙서의 자손들이 좌우명으로 삼았을 뿐만 아니라 임가의 자제 및 친가들도 보배처럼 여겨 모방하고 베껴서 중당中堂에 걸어 놓았다.

임칙서는 몰락한 관리의 집안에서 태어났는데, 그의 아버지 세대에 와서는 더욱 쇠약해져 집안에는 한 척의 땅도 반무의 밭도 없었다. 임칙서의 아버지는 집안이 가난하여

임칙서林則徐

중도에 과거준비를 포기하고 사숙의 선생이 되어 하루하루 생계를 유지했다. 임칙서가 태어난 후 임칙서의 아버지는 그에게 커다란 희망을 걸고 갖은 고생을 다하면서 아들을 훌륭한 사람으로 키우고자 다짐했다.

임칙서의 아버지는 임칙서가 만4세가 되었을 때 계몽교육을 시작했는데, 매일 사숙에서 강의를 하며 아들을 숙塾에 데리고 가서 글자를 익히도록 하고 책을 읽도록 했다. 부친은 아들이 성공하기를 간절히 바라면서 아이의 천성을 억누르지 않고 아들이 즐거운 활동을 하면서 독서에 흥미를 갖도록 교육방법에 매우 주의했다. 아이가 심술을 부릴 때도 임칙서의 아버지는 때리거나 욕하지 않고 수업이 끝난 후 아이에게 마음껏 놀도록 했다. 그러한 후 아이를 무릎에 앉혀 놓고 그가 한 자 한 구절씩 문장과 시를 읊도록 했다. 7세 때, 임칙서는 이미 많은 문장과 시를 능숙하게 암기했을 뿐만 아니라 많은 도리를 깨달았다. 따라서 임칙서의 아버지는 그에게 문장 쓰는 것을 가르치기 시작했다. 당시 어떤 사람이 임칙서의 아버지에게 이처럼 어린 임칙서에게 작문을 가르치지 말라고 충고했다. 임칙서의 아버지는 "이 아이는 총명하기 때문에 그 시기를 잘 발견해야지 그렇지 않으면 그 총명함은 쓸모가 없게 됩니다"라고 말했다. 임칙서의 아버지는 인내력을 가지고 훈계하며 그의 재능에 맞춰 가르쳤다. 임칙서의 지력은 점점 계발

중국의 전통 가정교육

되어 마을에서 이름을 날렸으며 사람들은 그를 '신동'이라고 생각했다.

사실 임칙서의 지력이 이처럼 빨리 계발된 것은 그의 아버지의 교육방법이 적합했기 때문이다. 임칙서는 『선고행장先考行狀』에서 "아버지의 가르침은 진지하고 자연스러우며 과격하거나 엄하지 않아 스스로 배우는 것을 즐기도록 했다. 경사를 강의함에 반드시 몸소 실행하여 가까이서 그 이치를 깨닫게 했으며 간단명료하여 나로 하여금 충분히 깨닫도록 했다. 그것을 깨닫지 못해도 채찍질을 하지 않았으며 꾸짖는 경우도 매우 적었다"고 회고했다. 임칙서의 아버지는 꾸준히 남을 가르치고 그 재능에 따라 그 이치와 도리를 강의할 때는 구체적인 사례를 들어 설명하는 것을 중시하고, 직관적 형상의 교학방법으로 아이의 지혜를 일깨웠다. 이렇게 해서 지력이 나날이 계발되었다.

즐거운 학습 분위기와 인내력을 키우는 교육환경은 아이의 학습에 매우 중요하다. 그러나 이것은 아이를 교육함에 엄격한 구속력이 없는 것과는 다르다. 임칙서는 아이에게 열심히 독서하도록 요구했는데 매일 밤늦게까지 독서하도록 요구했을 뿐만 아니라 겨울과 여름에도 태만하지 않도록 했다. 매일 저녁 밤에 임칙서의 아버지는 작은 등불 아래서 아들을 손수 재촉하고 지도하며 공부하도록 했다. 집안에 있는 다른 사람들도 등불 아래서 열심히 일을 했다. 임칙서는 "추운 겨울, 밤마다 벽 옆에 있는 등불 아래 차례로 앉아, 낡은 집으로 몰아치는 바람소리를 들으며 책을 낭송했고, 여자들은 수를 놓아 피부와 손이 거칠어졌지만 매일 이와 같이 생활했다"고 회고했다. 부자가 열심히 책을 읽고 모녀가 열심히 베를 짠 청빈한 가정의 근면한 가풍은 임칙서가 품덕을 배양하는데 커다란 작용을 했다.

임가의 생활은 매우 청빈하여 평소에 배부르게 먹을 수 없었으며 섣달 그믐밤이 되어야 비로소 두부로만 볶은 음식을 먹을 수 있었다. 비록 이와 같았을지라도 임칙서의 아버지는 전당포에 옷을 맡겨 아들이 공부하도록 했다. 늦은 봄과 보릿고개가 될 때마다 임칙서의 아버지는 집안에 조금밖에 없는 양식을 다른 사람들에게 빌려주어 가족들은 도리어 굶어야 했다. 이러한 임칙서의 아버지는 야채를 캐서 아들에게 끼니를 채우게 한 뒤, 그가 공부에 게으르지 않도록 했다.

임칙서의 아버지는 학식이 깊고 가르침에도 남다른 비결이 있어 명성이 매우 높았다. 임가가 하루하루를 힘들게 보냄에 그 지방의 부유한 악질 토호가 임가에 와서 다른 사람에게 주는 돈보다 배로 돈을 주겠다며 그 집안의 가정교사가 되어줄 것을 요청했다. 임칙서의 아버지는 첫째, 나쁜 일이나 나쁜 사람을 원수처럼 증오하고, 둘째, 아들의 교육을 포기하여 아들의 학업을 소홀하게 하고 싶지 않은 이유로 이 요청을 단호히 거절했다.

중국의 전통 가정교육

이와 동시에 그는 아들에게 고인의 덕을 배우도록 하고 곤란한 생활을 극복하고 의지를 단련하며 신념을 갖고 정직한 사람이 되도록 했다.

임칙서는 부친의 세심한 가르침으로 학문을 함에 기본이 착실했으며 덕행 또한 고결했다. 어려서부터 천하를 다스리는 것을 자신의 원대한 뜻으로 세우고, 백절불굴의 강한 의지를 배양했다. 그는 20세가 되던 해 향시에 합격했다. 그런데 운명이 기구하여 처음으로 서울에서 본 회시에 낙방했다. 그러나 그는 고향으로 돌아온 뒤 나라를 구하고자 하는 위대한 꿈을 여전히 저버리지 않고 학업을 그치지 않았다. 가경 6년嘉慶6年[1811]에 다시 시험을 쳐서 진사에 합격하여 한림에 들어갔다. 이로 인해 정치적인 무대에 들어서기 시작했다. 그는 일찍이 절강浙江, 강소江蘇, 섬서陝西, 호북湖北, 하남河南, 하동河東, 양강兩江 등의 지방관으로 부임했는데 정치적인 업적이 매우 뛰어나 '임청천林靑天'이라는 영예를 얻었다. 그가 관직에 있을 때 백성을 위해 국책을 세우는 것을 자신의 첫 번째 일로 생각하여 "국가의 이익을 위해 목숨을 바칠 수 있어야 하거늘, 어찌 개인의 화복禍福때문에 죽음을 피하겠느냐?"고 말했는데 여기서 우리는 임칙서의 국가와 백성을 위하는 품성을 알 수 있다. 그는 부친이 말한 "가정을 가지런히 하고 천하를 태평하게 다스리는 일에 신중하거라"는 교훈을 평생동안 생각하며 자신의 지식, 학문, 재능과 품덕을 국가의 흥성과 부강을 위해 바치려 한 것으로, 그의 이러한 모습은 그의 사후에도 오랫동안 전해졌다.

임칙서는 한 시대를 장식한 위대한 인물이다. 그리고 그의 아버지의 가정교육 방법 역시 세상 사람들의 모범이 되었다.

## 17. 증의曾懿의 『여학편女學篇』

증의의 자는 랑추朗秋, 이름은 백연伯淵, 사천四川 화양貨陽[지금의 쌍류현双流縣에 속함] 사람으로 청말에 보기 드문 재능있는 여자였다. 청나라 광서光緒 말에 그녀는 『완화집浣花集』, 『명란집鳴鸞集』, 『비홍집飛鴻集』, 『완월사浣月詞』 등의 시가 작품집을 출판했다. 그밖에 『의학편醫學篇』 8권, 『여학편女學篇』 9장, 더불어 부록으로 『중궤록中饋彔』 한 권을 간행했는데 문학, 의학, 요리와 가정교육의 내용까지 모두 포함했다. 특히 여자교육에 대한 그녀의 남다른 견해는 당시의 대학자와 유명한 유학자들로부터 '독특하고 기이한' 이론 이라고 불려지면서 앞다투어 전해졌다.

증의는 학자집안에서 태어났다. 부친 증영曾咏은 도광道光때 갑신과甲辰科 진사였고, 어머니 좌석가左錫嘉도 시부, 서화에 뛰어났으며 『냉선관시고冷仙館詩稿』 8권, 『시여詩余』 1권, 『문존文存』 1권

중국의 전통 가정교육

을 썼다. 당시 사람들은 그녀의 작품은 "마치 구름이 자연스럽게 흘러가듯 유창하고, 흐르는 물처럼 음률이 있다"고 했다. 증의의 부모는 서로 다정하고 화목했으며 특히 타고난 재질과 영민함으로 시가를 한 번만 봐도 외우는 사랑스런 딸 증의를 매우 총애하여, 다섯 살 때 그녀에게 글자 익히기, 그림 그리기를 가르치고, 조금 커서는 그녀에게 수시로 집안에 있는 장서를 보도록 했다. 증의의 부모는 등잔불 아래 증의를 앉혀 놓고 시서를 강해하면서 학문의 기초를 다지고, 학문에 폭넓은 흥미를 가지도록 유도했다.

그녀가 10살 되던 해 그녀의 부친은 안경安慶에 재직하고 있었는데, 불행하게도 그때 과로로 사망했다. 가련한 과부와 홀로 된 딸은 비통의 눈물을 닦으며 아버지의 시신을 고향 사천四川에 안장했다. 그 후 초가집에서 가난하게 살면서 어머니가 붓글씨와 그림을 파는 것에 의지해 생계를 유지했다. 매우 힘든 생활 속에서도 모친은 자녀 교육을 잊지 않고, 오지의 마을에서 성도시成都市 남쪽으로 이사하고 후에 자녀가 도시의 사치스러운 분위기에 빠져드는 것을 방지하기 위해 또 도시에서 몇 리 떨어진 두보의 고향 완화계초당莞花溪草堂으로 이사하여 생활했다. 어려서부터 증의는 아침·저녁으로 모친을 모시며 금석 시문, 수놓기, 요리 기술을 항상 보고 들어 배우지 않은 것이 없었다. 모친의 정성스런 지도로 증의의 기예는 나날이 진보했다. 그리고 그녀는 정성스런 마음으로 수를 놓았는데, 그녀가 수놓은 산수와 화조는 실제와 매우 비슷하여 한때 촉도蜀都에서 평판이 자자하여 그녀에게 그림을 배우고자 하는 사람이 끊이지 않았다. 이렇게 되자 생계도 조금씩 해결되었다. 이로 인해 모친은 더욱 심혈을 기울여 딸에게 가정교육을 시켰다.

성인이 된 증의는 강남의 명사名士 원유안袁幼安에게 시집을 가서 일 때문에 돌아다니는 남편을 따라 강을 건너고 바다를 넘어 동남쪽에 있는 여러 지방을 돌아다녔다. 증의는 재능이 뛰어난 원유안과 함께 상부상조하며 서로의 능력을 드러내었다. 그녀가 짓는 시는 모두 세상의 질곡을 바르게 하고자 하는 사실적 표현으로, 당시 사람들에게 낭송되었고, '당송唐宋의 품격을 지니고 있는 뛰어난 명문 가문'이라고 칭송을 받았다. 만년에 그녀는 유신維新 사조의 영향을 받았는데 조정의 정권이 부패되고 열강이 국토를 유린하며, 백성들은 불안해하고 문화와 교육은 쇠퇴해짐을 깨닫게 되었다. 그리하여 국가의 생사존망이 매우 걱정되어 본격적으로 교육을 연구하여 봉건교육의 폐단을 비판하면서 마침내 『여학편』을 저술했다. 이것은 "밖으로는 국가를 사랑하고 안으로는 가정을 가지런히 하는 것으로" 여학교를 세울 것을 적극적으로 제창한 것이며 여자들도 남자들과 함께 '온갖 힘을 다해 같이 배우고 경쟁하여 나라를 위

중국의 전통 가정교육

해 책임져야 할 것'을 강력하게 요구했다. 그녀는 국가를 보호하고 부강하게 하는 책임감과 유신변법을 지지하는 대담한 담력으로 여자교육과 가정교육의 전통적인 '삼종사덕三從四德'의 멍에를 타파할 것을 제창했다. 그녀는 여자교육도 반드시 서양과 유럽의 교육경험을 참고하여 남자들과 같이 평등하게 할 것을 요구했는데, 과학을 배우는 것 외에 반드시 '현시대에 긴요한 것, 문리를 트이게 하는 책을 읽어', '그의 흥미를 넓혀야 하며' 전통적인 여자교육의 내용을 개선해서 여자교육을 남자교육과 동등한 지위에 올려놓아야 한다고 했다.

『여학편』은 전편이 결혼, 부부, 태교, 보육, 영아교육, 유아교육, 양로, 가정경제학, 위생 등 9장으로 나누어져 있다. 다음에서 논하는 것은 가정교육 특히 가정에서의 여자교육과 밀접한 관계가 있는 것으로 중국 고대 가정교육에서 여자교육을 논한 것들 가운데 대표적인 것으로 매우 특색이 있다.

「결혼」장에서 증의는 서로의 의사를 무시하고 부모가 정해주는 전통적인 결혼방식과 일찍 아이를 낳아 일찍 기르는 것을 반대하였다. 또한 부모가 자녀의 혼사에 대해 자녀와 상의를 하고 최선을 다해 서로 흔쾌히 결혼을 받아들일 때를 기다려 결혼해야 한다고 주장했다. 부모는 사위를 고를 때 '재부의 많고 적음'을 계산하지 말고 '품덕이 높고 낮은 지', '인품이 순수하고 배움이 우수한 지'를 기준으로 삼아야 한다고 했다. 결혼 연령은 너무 이르면 좋지 않다. '반드시 성숙함'을 기준으로 삼아야 한다. 만일 결혼연령이 너무 이르면 남녀의 발육이 미숙하여 자신들의 건강을 해치게 될 뿐만 아니라 자녀도 허약하여 대대로 자녀의 체질이 약해지는데, 이것은 결국 민족을 쇠약하게 하는 것이라고 했다.

「영아교육」에서 그녀는 한쪽으로 치우치는 것을 경계했으며 믿음과 인자함을 가르치고 구속과 편애하지 말 것에 대한 여섯 가지 방면의 유아교육 기본원칙을 설명했다. 그녀는 당시 어머니들의 유아교육 방법이 적합하지 못하다고 비평했다. 예를 들면 "어머니들은 어린 아이가 울지 못하도록 고양이 소리, 호랑이 소리 등으로 무섭게 하거나, 귀신 및 황당한 신화를 말해서 아이가 무작정 믿게 하는 것을 자주 보게 된다"고 했다. 이러한 위협교육은 유아가 "저녁에 감히 혼자 다니지 못하고 홀로 있을 때 잠을 이루지 못하며, 늘 소심하고 두려워하는 성격을 형성하게 하여 아이의 좋은 심성을 나쁘게 하는 것이다"라고 했다. 또 예를 들면, 유아는 천성적으로 움직이기 좋아하기에 그 성격을 발휘하도록 하여 그 성격에 따라 교육을 하며 아이를 지나치게 구속하지 말라고 훈계했다. 그리고 "유아는 거함에 항상 동적인 것을 좋아하지 정적인 것을 싫어한다. 이것은 자연스런 체질

중국의 전통 가정교육

로 건강에 유익하다. 그 생기를 방해하지 말고 지나치게 구속하지 말아야 한다. 아이에게 원기를 약하게 하고 활기를 없게 하여 쓸모없는 기계가 되도록 하지 말아야 한다"고 했다. 그녀는 어렸을 때부터 성실하고 믿음이 있고 인자한 품성으로 교육하고, 이것으로서 도덕을 배양하는 기초를 튼튼히 해야 한다고 생각했다. 동시에 그녀는 부모가 자녀를 편애하는 행위를 반대했는데, 편애는 지나친 사랑의 표현으로 자녀가 건전하게 성장하는데 좋지 않기 때문이라고 했다. 특히 남자아이만 편애하고 여아를 경시하는 태도에 대해 그녀는 호되게 질책했다.

증의는 『여학편』에서 여자는 반드시 가정교육에서 중시를 받아야 하고, 6~7세 때 어머니가 가르치거나 혹은 선생님을 초빙해서 가정에서 아이를 가르쳐야 하는데 남자와 동일해야 한다고 했다. 8세가 되면 여자 역시 초등여학교에 들어갈 수 있어야 한다. 그녀는 "남자는 배우는 데 왜 여자는 배우지 못하느냐", "여자의 마음은 순수하게 한 가지 일에 전념할 수 있어 남자보다 우세하다. 만약 여자를 적합한 방법으로 가르친다면 많은 결과를 얻을 수 있고 남자보다 우세할 수 있다"고 했다. 물론 여자교육도 조급하게 해서는 안 되며 "체질과 연령이 많고 적음에 따라 교육을 실시해야 한다"고 했다. 그렇지 않으면 "훈계의 정도가 심해 오히려 역효과를 낼 수 있다"고 했다. 따라서 선생이든 부모든 여자를 차근차근 잘 타일러서 가르치고 교과과정을 계획하여 시간마다 과목을 바꿔 가르쳐야 한다고 했다. 지력을 골고루 사용해서 지루해하는 마음이 생기지 않도록 하며 과목이 끝나면 아이에게 자유롭게 활동하도록 하고 과외로 수업을 더해 '활발한 생기를 저해해서는' 안 된다고 했다. 그리고 가정교육은 반드시 부모가 솔선수범하여 화목하고 서로 사랑하고 공경하여 좋은 가정교육환경을 조성하며, 가정환경에서부터 잠재적으로 그 기질이 생길 수 있도록 해줘야 한다고 강조했다.

증의는 가정교육을 강조했을 뿐만 아니라, 가정에서 부녀자의 지위와 역할로부터 '한 집안의 생활을 주관하는 것이 주부의 책임'이라고 생각했다. 또한 주부는 자녀 교육에 중대한 책임이 있을 뿐만 아니라 출산, 보육, 유아교육 지식을 광범위하게 배우고 청결, 위생, 건강과 신체보건 지식 등에 대해서도 반드시 많은 이해가 있어야 한다고 했다. 왜냐하면 보건으로 건강함을 지키는 것은 바로 강대한 종족의 근본 원리이기 때문이다. 위생을 중시해야 할 뿐만 아니라 의학을 배워야 한다고 하여 의학을 부녀자교육의 범주에 포함시켰다. 그밖에 『여학편』에 「가정경제학」이라는 장을 만들어, 재산을 모으는 것, 절약, 공동의 이익, 명석함, 예금과 저축 등의 방면에서 가정을 관리하는 방법을 논술했다. 이러한 가정교육의 내용은 그녀가 주장하는 여자교육 즉, "여자는 안으로 가정을 다스려야 한다"는 생각에 대한 발로일 뿐만 아니라, 봉건사회 가정의 전통적인 여자교육을 타파한 것이기도 하다. 종합하자면『여학편』은 중국 봉건사회 말기의 가정교육과 여자교육에 대한 저작으로, 한대 반소의『여계』이후 여자교육과 가정교육사상에 대한 역사적 종합과 비판을 통한, 중국 근대 여자가정교육의 변화를 시도한 효시라고 할 수 있다.

## 18. 증국번曾國藩의 가정교육

『증문정공가훈曾文正公家訓』은 청말 증국번이 자식을 가르친 전집이다. 이 가정교육 서신집은 청말淸末부터 민국民國시기까지 수차례 인쇄되어 널리 전해졌다. 최근 들어 가정교육이 중시됨에 따라 어떤 사람이 이 서신집을 정리·보충하여『증국번교자서曾國藩敎子書』라고 하여 세상에 다시 내놓았다.

증국번(1811~1872년)은 원명이 자성子城, 자는 백함伯涵이며 호는 조생滌生으로, 호남 상향湘鄕사람이다. 근대사에서 그는 태평천국 때 농민봉기군을 잔혹하게 진압했으며 이홍장李鴻章, 좌종당左宗棠 등과 함께 양무사업에 적극적으로 앞장 선 인물이다. 따라서 그는 매우 잔인하면서도 다면적인

증국번曾國藩

봉건관리라는 인상을 후세에 남겼다.

　사실, 증국번은 원래 군인출신이 아니라 학자집안 출신의 독서인이다. 그는 어려서부터 경사를 잘 읽었으며, 많은 책을 보아 도광18년(1838)에 진사에 합격한 후 정주리학을 전문적으로 공부한 학식이 매우 풍부한 학자이다. 함풍3년咸豊3年[1853]에 그는 정모(丁母)가 걱정스러워 집으로 돌아왔는데, 바로 그때 태평군이 광서廣西와 호남, 호북에 출병했다. 그는 명을 받고 지방에서 지방군대의 훈련을 도와 상군을 창설했다. 이로 인해 태평군과 함께 적의 기지에 진입했다. 후에 그가 태평군을 진압하여 공을 세우자 청왕조는 그를 일등 의용후毅勇侯로 봉하고, 그가 죽은 뒤 시호를 '문정文正'이라고 했다. 『증문정공가훈』에 수록한 백여 편의 가서는 그가 함풍 2년(1852)부터 동치同治10년까지 쓴 것이다. 그가 20년간 지방의 총독에서 군복무를 하며 군대를 따라다녔기 때문에 가족은 그

증국번의 글씨

증국번이 살았던 부후당富厚堂

중국의 전통 가정교육

를 따라다닐 수 없었다.

증국번의 교자서는 그의 가정교육정신과 방법을 반영한 것이다. 그 정신은 주로 "자식을 사랑하면 도리로서 가르쳐라"는 것으로 이것은 바로 자식을 사랑하면 건전한 교육으로 자식의 품성이 형성되도록 하면서 자식의 재능을 배양해야 한다는 것이다. 그 교육방법에는 대략 다음 몇 가지가 있다.

(1) 자손을 훈계하여 전심전력으로 독서하고 수신하도록 하며, 가정교육의 목적을 명확히 했다. 증국번은 가서에서 "무릇 사람은 자기 자손이 모두 높은 관리가 되기를 바란다. 그러나 나는 높은 관리보다 책을 읽어 사리에 밝은 군자가 되기를 바란다"[18]고 했다. 또 "네가 성인이 된 후, 절대로 군사에 관여하지 마라. 이 일은 공을 세우기가 어렵고 죄를 짓기 쉬우며 특히 다른 사람들로부터 뒷공론을 듣기 쉽다. … 너희들은 전심전력으로 책을 읽어라. 군대에 종사하거나 관리가 될 필요가 없다"고 했다. 그는 부귀영화는 의지할 것이 못되지만 독서는 기질을 변화시킬 수 있고 성정性情을 도야할 수 있다고 생각했다. 관리가 되면 자유롭지 못하고, 돈이 너무 많은 것도 사치스러운 나쁜 습관을 형성하므로 사람들을 패가망신하게 하는 화의 근원이라고 생각했다. 따라서 그는 자손들에게 "대대로 관리가 되고자 하는 생각을 버리고 반드시 사민이 되려는 생각을 해야 한다"고 반복해

18) 『증국번 교자서』, 악록서사岳麓書社 1987년판年版.

서 훈계했다. 독서로 이치를 밝게 하고 사람의 인격을 형성하는 것이 가정교육의 진정한 목적이라고 생각했는데, 특히 세상이 혼란할 때 이것이 가장 좋은 방책이라고 생각했다.

(2) 사치함을 경계하며 열심히 노력하고, 먹고 입는 것을 가난한 선비처럼 하면서 자손에게 근면하고 겸손한 품덕을 배양하도록 힘썼다. 그는 아들 기택紀澤에게 "세가의 자제들이 가장 범하기 쉬운 잘못이란 사치와 오만이다"며 훈계했다. 왜냐하면 "경사京師 자제들의 나쁜 버릇은 모두 사치와 교만에서 기인하기 때문이다"고 했다 그는 아들 기홍紀鴻에게 "무릇 세가의 자제들은 가난한 선비처럼 소박해야 서민이 되어서도 큰 그릇이 될 수 있다. 만약 부유하고 귀중한 것들에만 빠져 그것만을 익힌다면 성공하기 어렵다"고 했다. 그는 경사經史에 대해 잘 알고 있어, 재야의 '평민출신의 유명한 관리'들이 어떻게 처신했는지 알고 있었다. 비록 어려운 가정환경에서 태어났을 지라도 그들은 어려운 환경에서 장기간 단련했으므로 고통을 인내할 수 있는 의지력과 적극적이고 진취적인 정신이 있어 일단 천하의 큰일을 맡게 되면 과감하게 행하여 능히 일을 이룰 수 있었다. 그러나 부유한 가정의 자제는 교만하고 사치하고 게으르며 안일하게 지내서, 큰 뜻을 품지 않아 대다수 사람들이 소인배로 전락하여 세상에서 쓸모없게 되

었다. 따라서 그는 집안사람들에게 "절대로 돈을 모아 경작지를 사려고 하지 말라"고 훈계했으며 자손들에게는 "스스로 노력해서 얻어라"고 했다. 그는 남자 아이에게 이렇게 요구했을 뿐만 아니라 여자 아이에게도 이와 같은 훈계를 했다. 그는 "무릇 집안에서 게으르고 낭비함은 부녀자에게서 드러난다. 나는 집안에서 부녀자의 사치와 안일 때문에 고민한다"고 하였다. 그는 자녀에게 "근검이라는 두 글자를 으뜸으로 삼아라"고 말했다. 여자는 고향에서 남편을 고르는 것이 좋고 '집안이 비슷한 사람'을 추구하지 말며, 시집간 딸은 '친정의 부귀에 연연하지 말고', '온순하고 공손하게' 시부모를 모시며 동시에 "먼 친척을 공경하면서 이웃에 대해서는 아는 체도 하지 않으면 안된다"고 했다. "자녀란 생활이 어려우면 어려울수록 잘 성장한다. 부유한 자녀들은 귀하게 자라서 오히려 성공하기 어렵다"고 했다. 부모가 자녀를 키움에 만지면 부서질까 놓으면 날아갈까 하여, 너무 애지중지하여 고생없이 키우면 부모를 부양할 때가 되어 이러한 사랑이 도리어 해가 될 것이라고 했다.

(3) 넓게 공부할 것을 엄격하게 요구했다. 사람 됨됨이와 학문을 몸소 가르치는 것을 중시했으며, 덮어놓고 자녀를 꾸짖지 말고 몸소 체험한 것으로 자녀와 서로 토론하여 자녀를 적극적으로

계몽해야 한다고 했다. 증국번은 가서에서 최대의 관심사를 자녀가 지식을 학습하도록 지도하는 것에 두었다. 그는 자녀가 광범위하게 유학저작을 배워 사서오경에 정통할 것을 요구했으며 동시에 천문, 역사, 문자를 훈고하는 음운학音韻學, 『기하원본几何原本』, 서화書畵 등을 배우도록 했다. 그는 아들에게 십삼경十三經을 배우는 것 외에 반드시 『사기』, 『한서』, 『장자』, 『한문韓文』, 『문선文選』, 『통전通典』, 『설문說文』, 『손무자孫武子』, 『방여기요方輿紀要』, 『고문사류요古文辭類要』 및 그 본인이 베낀 『십팔가시집十八家詩集』 등 11종의 책을 필독서로 삼을 것을 요구했다. 그는 집안을 다스리고 학문을 하는 방면에서 자녀들이 청나라 장영張英의 『총훈제어聰訓齊語』와 청 성조聖祖 강희康熙의 『정훈격언庭訓格言』을 숙독할 것을 요구했는데, 그 이유는 이 두 권의 책이 '구절마다 모두 내가 마음속으로 하고 싶었던 말'이었기 때문이라고 했다. 그는 자녀들에게 그가 평생 학문을 함에 다만 천문天文, 산학算學을 조금도 알지 못한 것이 첫째 부끄러움이요, 일을 함에 시작은 있으나 끝이 없는 것이 두 번째 부끄러움이요, 글을 씀에 한 유파를 줄곧 따라하지 못하고 자주 변화시켜 아무 것도 이루지 못한 것이 세 번째 부끄러움이라고 훈계했다. 자기의 부족함을 비추어서 자제들에게 이러한 교훈을 잘 기억해서 천문과 역산曆算을 열심히 연구하고 일을 함에 처음부터 끝까지 한결같이 하

중국의 전통 가정교육

며, 글을 씀에 고르고 민첩하게 쓰도록 훈계했다. 이렇게 해야만 후에 성공해서 유용하게 쓸 수 있다고 생각했다. 그는 왜 이렇게 해야 되는 지를 논리에 맞춰 설명했을 뿐만 아니라 자식들이 어떻게 공부를 해야 하고, 만약 공부를 한다면 무엇을 먼저 하고 무엇을 나중에 해야 하는 지, 태도는 어떠해야 하는 지 등을 구체적으로 지도했다. 이는 마치 선생님이 학생들 앞에서 친히 전수하는 것 같았다.

증국번은 삼공三公이라는 재상에 임명되었는데, 이 직위는 봉건사회에서 매우 특권이 있는 대관료의 자리였다. 그런데 오히려 그 특권을 하찮게 여기고 자녀의 가정교육에 주의하여 자손이 모두 인재가 되도록 했다. 백년이 지난 오늘날에도 그가 자식을 가르친 가서를 읽어보면, 그가 총명한 사람이라고 말하지 않을 수 없다.

# 찾아보기

### 김 덕 삼 金德三

中國社會科學院 哲學博士, 현 대진대학교 초빙교수

**논문**

<文化接變으로 바라본 少數民族 교육>, <문헌의 발견과 도가>
<莊子思想與當代敎育>, <'相生'與老子思想> 등

**저·역서**

≪문화와 철학≫(한국학술정보, 2005), ≪주체적 중국문화학≫(시간의 물레, 2005)
≪현인들이 말하는 효≫(시간의 물레, 2005), ≪中國 道家史 序說≫(경인문화사, 2004)
≪當代中國敎育史論≫(人民敎育出版社, 2004), ≪道敎文化 槪說≫(불이문화, 2003) 등


### 이 경 자 李庚子

中國北京師範大學 敎育學博士, 고려대·세종대 등 강사
현, 고려대학교 교육문제연구소 연구조교수

**논문**

<중국 대학교육 개혁의 동향>, <진학금陳鶴琴의 유아교육사상-활교육活敎育 사상을 중심
으로->, <중국의 대학입시 제도>, <漢代의 孝敎育연구>, <漢代의 孝敎政策에 관한 연
구>, <효의 의미변천을 통해 본 현대교육적 의의-선진先秦에서 송宋까지>, <'小學'中體
現的'孝'思想>, <韓國國內關于陶行知的研究>, <도행지의 생활교육사상> 등

**저·역서**

≪현인들이 말하는 효≫(시간의 물레, 2005), ≪중국의 고대학교≫(원미사, 2004)
≪當代中國敎育史論≫(人民敎育出版社, 2004) 등

## 중국의 전통 가정교육

값 : 9,500

| | |
|---|---|
| 2005년 11월 20일 | 초판인쇄 |
| 2005년 11월 25일 | 초판발행 |

역 자 : 김 덕 삼·이 경 자
발 행 인 : 한 정 희
발 행 처 : 경인문화사
편 집 : 김 경 주
서울특별시 마포구 마포동 324-3
전화 : 718-4831~2, 팩스 : 703-9711
이메일 : kyunginp@chollian.net
홈페이지 : http://한국학서적.kr
등록번호 : 제10-18호(1973. 11. 8)

ISBN: 89-499-0371-7 03370
※ 파본 및 훼손된 책은 교환해 드립니다.